RUSSIAN-ENGLISH

SPECIAL TRAINING FOR BEGINNERS

FLUENCY PRACTICE SERIES
ELEMENTARY LEVEL
Volume 1

by Alexander Pavlenko
CREATE SPACE EDITION

PUBLISHED BY:

Sapcrystals plc on CreateSpace

Russian-English

Special Training

for Beginners

Elementary Level

Copyright © 2016 Alexander Pavlenko

ISBN-13: 978-1514353967

ISBN-10: 1514353962

Foreword

Based on the Speech Plasma Method, this book for beginners has proved to be ideal for students of Russian who would like to start to speak the language fluently at a very early stage. The volume consists of five sections dealing with basic Russian grammar structures that correspond to be, can, have, there is and other basic Present Simple patterns in English. Each section contains 250 sample sentences on fifty topics. The book is aimed at the development of the learner's fluency in speech through fluency practice drills. The drills are similar to physical exercises that can be practised regularly, repeated over and over again, concentrating either on their intensity and force or on rapidness and speed. Fluency training on the above mentioned grammar structures make the students of Russian start speaking the language fluently at a very early stage. The better you know the drills, the easier it will be for you to remember and use the sample sentences on 50 Topics. Fluency practice drills will be like „oral cribs" to help you make up a new sentence based on the same grammar pattern. The sentences are very simple and for easy reference the English text is printed alongside.

This volume is a part of Russian-English Fluency Practice Series Elementary Level consisting of three books: Book 1 - Russian-English, Special Training for Beginners, Book 2 - Russian-English, Fifty Topics for Beginners, Book 3 - Russian, Dialogues and Summaries.

Russian-English Fluency Practice Series is complemented by Interactive App Fluency Practice Series Elementary Level consisting of Black Jack Comes Back (Russian course for beginners based on a detective story), Russian KOMETA (entertaining way to learn to read in Russian) and Russian Countdown (entertaining way to learn to count in Russian). All the apps are available at Apple and Google Play Stores.

Contents

Chapter One SPECIAL TRAINING DRILLS on latent *be* and other basic Russian verbs.......................1

Chapter Two SAMPLE SENTENCES ON FIFTY TOPICS on latent *be* and other basic Russian verbs.........6

Chapter Three SPECIAL TRAINING DRILLS on modal verbs **мочь, уметь** (can, be able)...................26

Chapter Four SAMPLE SENTENCES ON FIFTY TOPICS on modal verbs **мочь, уметь** (can, be able)...................31

Chapter Five SPECIAL TRAINING DRILLS on phrase of possession **у него есть** (has, owns) 52

Chapter Six SAMPLE SENTENCES ON FIFTY TOPICS on phrase of possession **у него есть** (has, owns)...........57

Chapter Seven SPECIAL TRAINING DRILLS on verbs **есть, имеется, существует** (there is/there are).........................77

Chapter Eight SAMPLE SENTENCES ON FIFTY TOPICS on verbs **есть, имеется, существует** (there is/there are)..82

Chapter Nine SPECIAL TRAINING DRILLS on verbs in Present Simple like **делать, работать, жить** (do, work, live) 103

Chapter Ten SAMPLE SENTENCES ON FIFTY TOPICS on verbs in Present Simple like **делать, работать, жить** (do, work, live) 108

Chapter One

SPECIAL TRAINING DRILLS
on latent *be* and other basic Russian *verbs*

Тре́нинг 1
А́лекс врач. Ему́ три́дцать лет. А́лекс из Росси́и. Он из Москвы́. Ли́за репортёр. Ей со́рок лет. Ли́за из А́нглии. Она́ из Ло́ндона. Ге́за такси́ст. Ему́ пятьдеся́т лет. Ге́за из Ве́нгрии. Он из Будапе́шта.

1. Кто А́лекс по профе́ссии? 2. Ско́лько ему́ лет? 3. Отку́да А́лекс? 4. Он из Москвы́? 5.Кто Ли́за про профе́ссии? 6. Ско́лько ей лет? 7. Отку́да Ли́за? 8. Она́ из Ло́ндона? 9. Кто Ге́за по профе́ссии? 10. Ско́лько ему́ лет? 11. Отку́да Ге́за? 12. Он из Будапе́шта?

Training 1
Alex is a doctor. He is thirty. Alex is from Russia. He is from Moscow. Lisa is a reporter. She is forty. Lisa is from England. She is from London. Geza is a taxi driver. He is fifty. Geza is from Hungary. He is from Budapest.

1. What is Alex? 2. How old is he? 3. Where is Alex from? 4. Is he from Moscow? 5. What is Lisa? 6. How old is she? 7. Where is Lisa from? 8. Is she from London? 9. What is Geza? 10. How old is he? 11. Where is Geza from? 12. Is he from Budapest?

Тре́нинг 2
Сейча́с во́семь часо́в. Майк до́ма. Он пьёт чай. Де́вять часо́в. Майк не до́ма. Он идёт на рабо́ту. Де́сять часо́в. Майк на рабо́те. Он рабо́тает. Оди́ннадцать часо́в. Майк на рабо́те, но он не рабо́тает. Он пьёт ко́фе. Шесть часо́в. Майк не на рабо́те. Он не до́ма. Он в па́бе. Он пьёт пи́во. Во́семь часо́в. Майк до́ма. Он смо́трит телеви́зор и пьёт чай.

Training Drills on *be*

1. Сколько времени? 2. Где Майк? 3. Что он делает? 4. Сколько времени? 5. Майк дома? 6. Что он делает? 7. Сколько времени? 8. Где Майк? 9. Что он делает? 10. Сколько времени? 11. Где Майк? 12. Он работает? 13. Что он делает? 14. Сколько времени? 15. Майк на работе? 16. Он дома? 17. Где он? 18. Он пьёт водку? 19. Что он пьёт? 20. Сколько времени? 21. Где Майк? 22. Что он делает?

Training 2
It is 8 o'clock. Mike is at home. He is drinking tea. It is 9 o'clock. Mike isn't at home. He is going to work. It is 10 o'clock. Mike is at work. He is working. It is 11 o'clock. Mike is at work but he isn't working. He is drinking coffee. It is 6 o'clock. Mike isn't at work. He isn't at home. He is in a pub. He is drinking beer. It is 8 o'clock. Mike is at home. He is watching TV and drinking tea.

1. What is the time? 2. Where is Mike? 3. What is he doing? 4. What is the time? 5. Is Mike at home? 6. What is he doing? 7. What is the time? 8. Where is Mike? 9. What is he doing? 10. What is the time? 11. Where is Mike? 12. Is he working? 13. What is he doing? 14. What is the time? 15. Is Mike at work? 16. Is he at home? 17. Where is he? 18. Is he drinking vodka? 19. What is he drinking? 20. What is the time? 21. Where is Mike? 22. What is he doing?

Тренинг 3
Майк: "Восемь часов. Я дома. Я пью чай. Девять часов. Я не дома. Я на работе. Я работаю. Десять часов. Я на работе, но я не работаю. Я пью кофе. Шесть часов. Я не на работе. Я не дома. Я в пабе. Я пью пиво. Восемь часов. Я дома. Я смотрю телевизор и пью чай. "

1. Сколько времени? 2. Где Вы? 3. Что Вы делаете? 4. Сколько времени? 5. Вы дома? 6. Где Вы? 7. Что Вы делаете? 8. Сколько времени? 9. Где Вы? 10. Вы работаете? 11. Что Вы делаете? 12. Сколько времени? 13. Вы на работе? 14. Вы дома? 15. Где Вы? 16. Вы пьёте водку? 17. Что Вы пьёте? 18. Сколько времени? 19. Где Вы? 20. Что Вы делаете?

Chapter One

Training 3
Mike: "It is 8 o'clock. I am at home. I am drinking tea. It is 9 o'clock. I am not at home. I am at work. I am working. It is 10 o'clock. I am at work but I am not working. I am drinking coffee. It is 6 o'clock. I am not at work. I am not at home. I am in a pub. I am drinking beer. It is 8 o'clock. I am at home. I am watching TV and drinking tea."

1. What is the time? 2. Where are you? 3. What are you doing? 4. What is the time? 5. Are you at home? 6. Where are you? 7. What are you doing? 8. What is the time? 9. Where are you? 10. Are you working? 11. What are you doing? 12. What is the time? 13. Are you at work? 14. Are you at home? 15. Where are you? 16. Are you drinking vodka? 17. What are you drinking? 18. What is the time? 19. Where are you? 20. What are you doing?

Тре́нинг 4
Ба́рбара и Али́са: "Мы близнецы́. Мы всегда́ вме́сте. Семь часо́в утра́. Мы до́ма. Мы за́втракаем. Во́семь часо́в. Мы не до́ма. Мы идём в шко́лу. Де́вять часо́в. Мы в шко́ле. Мы у́чимся. Двена́дцать часо́в. Мы в шко́ле. Мы не у́чимся. Мы обе́даем. Три ча́са. Мы до́ма. Мы не де́лаем дома́шнюю рабо́ту. Мы игра́ем ".

1. Вы близнецы́? 2. Вы всегда́ вме́сте? 3. Ско́лько вре́мени? 4. Где вы? 5. Что вы де́лаете? 6. Ско́лько вре́мени? 7. Вы до́ма? 8. Что вы де́лаете? 9. Ско́лько вре́мени? 10. Где вы? 11. Что вы де́лаете? 12. Ско́лько вре́мени? 13. Вы в шко́ле? 14. Вы у́читесь? 15. Что вы де́лаете? 16. Ско́лько вре́мени? 17. Где вы? 18. Вы де́лаете дома́шнюю рабо́ту? 19. Что вы де́лаете?

Training 4
Barbara and Alice: "We are twins. We are always together. It is 7 o'clock in the morning. We are at home. We are having breakfast. It is 8 o'clock. We aren't at home. We are going to school. It is 9 o'clock. We are at school. We are learning. It is 12 o'clock. We are at school. We aren't learning. We are having lunch. It is 3 o'clock. We are at home. We aren't doing our homework. We are playing."

Training Drills on *be*

1. Are you twins? 2. Are you always together? 3. What is the time? 4. Where are you? 5. What are you doing? 6. What is the time? 7. Are you at home? 8. What are you doing? 9. What is the time? 10. Where are you? 11. What are you doing? 12. What is the time? 13. Are you at school? 14. Are you learning? 15. What are you doing? 16. What is the time? 17. Where are you? 18. Are you doing your homework? 19. What are you doing?

Тре́нинг 5

А́лекс врач. Ему́ три́дцать лет. А́лекс из Росси́и. Он из Москвы́. А́лекс в о́тпуске в Ло́ндоне. Он пробу́дет в Ло́ндоне 6 дней. Он возвраща́ется в Москву́ в пя́тницу. Ли́за репортёр. Ей со́рок лет. Ли́за из А́нглии. Она́ из Ло́ндона. Ли́за на о́тдыхе в Будапе́ште. Она́ пробу́дет в Будапе́ште 7 дней. Она́ возвраща́ется в Ло́ндон в суббо́ту. Ге́за такси́ст. Ему́ пятьдеся́т лет. Ге́за из Ве́нгрии. Он из Будапе́шта. Ге́за в о́тпуске в Москве́. Он пробу́дет в Москве́ 8 дней. Он возвраща́ется в Будапе́шт в воскресе́нье. "

1.Кто А́лекс по профе́сии? 2. Ско́лько ему́ лет? 3. Отку́да А́лекс ро́дом? 4. Алекс в о́тпуске в Будапе́ште? 5. Ско́лько вре́мени он там пробу́дет? 6. Когда́ А́лекс возвраща́ется в Москву́? 7.Кто Ли́за про профе́ссии? 8. Ско́лько ей лет? 9. Отку́да Ли́за ро́дом? 10. Ли́за в о́тпуске в Москве́? 11. Ско́лько вре́мени она́ там пробу́дет? 12. Когда́ Ли́за возвраща́ется в Ло́ндон? 13. Кто Ге́за про профе́ссии? 14. Ско́лько ему́ лет? 15. Отку́да Ге́за ро́дом? 16. Ге́за в о́тпуске в Ло́ндоне? 17. Ско́лько вре́мени он там пробу́дет? 18. Когда́ Ге́за возвраща́ется в Будапе́шт?

Training 5

Alex is a doctor. He is 30. Alex is from Russia. He is from Moscow. Alex is on holiday in London. He is staying in London for 6 days. He is coming back to Moscow on Friday. Lisa is a reporter. She is 40. Lisa is from England. She is from London. Lisa is on holiday in Budapest. She is staying in Budapest for 7 days. She is coming back to London on Saturday. Geza is a taxi driver.

Chapter One

He is 50. Geza is from Hungary. He is from Budapest. Geza is on holiday in Moscow. He is staying in Moscow for 8 days. He is coming back to Budapest on Sunday."

1. What is Alex? 2. How old is he? 3. Where is Alex from? 4. Is Alex on holiday in Budapest? 5. How long is he staying there? 6. When is Alex coming back to Moscow? 7. What is Lisa? 8. How old is she? 9. Where is Lisa from? 10. Is Lisa on holiday in Moscow? 11. How long is she staying there? 12. When is Lisa coming back to London? 13. What is Geza? 14. How old is he? 15. Where is Geza from? 16. Is Geza on holiday in London? 17. How long is he staying there? 18. When is Geza coming back to Budapest?

Chapter Two

SAMPLE SENTENCES ON FIFTY TOPICS
on **быть** (be) and other basic Russian verbs

___

1. Жильё (кварти́ра, дом)
1. Моя́ кварти́ра краси́вая .
2. Мой дом не большо́й/ ма́ленький/ плохо́й/ хоро́ший/ но́вый.
3. Мой дом ста́рый, краси́вый и дорого́й.
4. Моя́ кварти́ра о́чень удо́бная.
5. В на́ше вре́мя жильё - э́то больша́я пробле́ма.

1. Accommodation (flat, house)
1. My flat is nice.
2. My house isn't big/small/bad/good/new.
3. My house is old, beautiful and expensive.
4. My flat is very comfortable.
5. Accommodation is a big problem today.

2. Ба́нки
1. Мой банк – э́то CIB банк.
2. Сейча́с я не в ба́нке.
3. Сейча́с я не иду́ в банк.
4. Ба́нки ва́жны и поле́зны.
5. Междунаро́дные ба́нки о́чень больши́е.

2. Banks
1. My bank is CIB Bank.
2. I am not in the bank now.
3. I am not going to the bank.
4. Banks are important and useful.
5. International banks are very large.

3. Дни рожде́ния и имени́ны
1. Мой люби́мый день – мой день рожде́ния.
2. Мой день рожде́ния в ноябре́.

6

Chapter Two

3. Мой имени́ны в феврале́.
4. Сейча́с у меня́ пра́здничная вечери́нка.
5. Дни рожде́ния и имени́ны – отли́чная заба́ва для дете́й.

3. Birthdays and name days
1. My favourite day is my birthday.
2. My birthday is in November.
3. My name day is in February.
4. I am having a birthday party now.
5. Birthdays and name days are great fun for children.

4. Кни́ги
1. Кни́ги для меня́ о́чень ва́жны.
2. Они́ интере́сные.
3. Моя́ люби́мая кни́га «Маг».
4. Мой люби́мый писа́тель Джон Фаулз.
5. Сейча́с я чита́ю детекти́в.

4. Books
1. Books are very important to me.
2. They are interesting.
3. My favourite book is The Magus.
4. My favourite writer is John Fowles.
5. I am reading a detective story at the moment.

5. За́втрак
1. За́втрак о́чень ва́жен.
2. Обы́чно я за́втракаю в во́семь часо́в.
3. Обы́чно у меня́ большо́й/ ма́ленький/ ра́нний/ по́здний/ лёгкий/ пло́тный за́втрак.
4. Мой за́втрак – э́то про́сто ча́шка ко́фе/ча́я и бутербро́ды.
5. За́втрак – э́то пе́рвый приём пи́щи за день.

5. Breakfast
1. Breakfast is very important.
2. My breakfast is usually at eight o'clock.
3. My breakfast is usually big/ small/ early/ late/ light/ heavy.

Sample Sentences on *be*

4. My breakfast is just a cup of coffee/tea and sandwiches.
5. Breakfast is the first meal of the day.

6. Бра́тья и сёстры
1. Бра́тья и сёстры о́чень ва́жны.
2. Моего́ бра́та/сестру́ зову́т Джон/Джоа́нна.
3. Ему́/ей восемна́дцать лет.
4. Он/она́ хоро́ший/ хоро́шая, краси́вый/ краси́вая, любе́зный/ любе́зная, молодо́й/ молода́я.
5. Он/она́ студе́нт/студе́нтка.

6. Brothers and sisters
1. Brothers and sisters are very important.
2. My brother's/sister's name is John/Jane.
3. He/she is eighteen years old.
4. He/she is nice, pretty, kind, young, etc.
5. He/she is a student.

7. Маши́ны
1. Маши́ны о́чень поле́зны.
2. Они́ бы́стрые и удо́бные.
3. Сейча́с я еду́ на маши́не на рабо́ту.
4. У меня́ хоро́шая маши́на.
5. Она́ не ста́рая.

7. Cars
1. Cars are very useful.
2. They are fast and comfortable.
3. I am driving to work now.
4. My car is nice.
5. It isn't old.

8. Кинотеа́тры
1. Сейча́с я не в кинотеа́тре.
2. Мой люби́мый кинотеа́тр «Пу́шкин».
3. Мой люби́мый фильм «Оди́ннадцать друзе́й Оуше́на».
4. У́тренние сеа́нсы са́мые лу́чшие, потому́ что они́ дешёвые.
5. Сего́дня по́сле обе́да я иду́ в кино́.

Chapter Two

8. Cinemas
1. I am not at the cinema now.
2. My favourite cinema is Pushkin.
3. My favourite film is Ocean's Eleven.
4. Morning shows are the best, because they are cheap.
5. I am going to the cinema this afternoon.

9. Просту́ды и грипп
1. Просту́ды и грипп – э́то настоя́щая проблє́ма зимо́й.
2. Просту́ды и грипп ужа́сны.
3. Они́ опа́сны.
4. К сча́стью, сейча́с я не бо́лен.
5. Инфе́кции и ви́русы сейча́с повсю́ду.

9. Colds and flu
1. Colds and flu are really a problem in winter.
2. Colds and flu are terrible.
3. They are dangerous.
4. Fortunately, I am not ill now.
5. Infections and viruses are everywhere now.

10. Колле́ги / однокла́ссники
1. Мой колле́ги/ однокла́ссники кла́ссные/ хоро́шие/ неплохи́е.
2. Не́которые из мои́х колле́г/ однокла́ссников дово́льно глу́пые / ску́чные.
3. Сейча́с мы рабо́таем над ва́жным прое́ктом.
4. Большинство́ мои́х колле́г – настоя́щие профессиона́лы.
5. Большинство́ мои́х однокла́ссников – хоро́шие ученики́.

10. Colleagues/Classmates
1. My colleagues/classmates are cool/ nice/ not bad.
2. Some of my colleagues/classmates are really dull/ boring.
3. We are working on a very important project now.
4. Most of my colleagues are real professionals.
5. Most of my classmates are good at school.

9

Sample Sentences on *be*

11. Ужин
1. Ужин очень важен.
2. Это основной приём еды за день.
3. Традиционный ужин – это суп и рыба или мясо.
4. Мы сейчас не ужинаем.
5. Мы всегда ужинаем дома.

11. Dinner
1. Dinner is very important.
2. It is the main meal of the day.
3. A traditional dinner is soup and fish or meat.
4. We aren't having dinner now.
5. We are all at home for dinner.

12. Семья
1. У меня небольшая семья.
2. У меня очень хорошая семья.
3. Моя мама – добрый и любящий человек.
4. Мой папа всегда готов помочь.
5. Мои бабушка и дедушка мудрые.

12. Family
1. My family isn't big.
2. My family is very nice.
3. My mother is kind and loving.
4. My father is very helpful.
5. My grandparents are wise.

13. Знаменитые люди
1. Знаменитые люди обычно богаты.
2. Кино- и поп-звёзды очень знамениты.
3. Некоторые политики тоже знамениты.
4. Знаменитые люди не отличаются от других людей.
5. Просто им повезло.

13. Famous people
1. Famous people are usually rich.
2. Film or music stars are very famous.

Chapter Two

3. Some politicians are famous, too.
4. Famous people aren't different.
5. They are just lucky.

14. Любимая еда
1. Моя люби́мая ку́хня - кита́йская.
2. Моя люби́мая еда́ - ры́ба.
3. Мой люби́мый напи́ток – апельси́новый сок.
4. Инди́йская ку́хня о́чень вку́сная.
5. Дома́шняя еда́ обы́чно поле́зна.

14. Favourite foods
1. My favourite food is Chinese.
2. My favourite food is fish.
3. My favourite drink is orange juice.
4. Indian food is delicious.
5. Home-made food is usually healthy.

15. Друзья́
1. Друзья́ – э́то ва́жно.
2. Они́ хоро́шие/ замеча́тельные/ до́брые/ отзы́вчивые.
3. Сейча́с я не разгова́риваю с друзья́ми.
4. Мою лу́чшую подру́гу зову́т Диа́на.
5. Мои́ друзья́ - о́чень интере́сные лю́ди.

15. Friends
1. Friends are important.
2. They are nice / great / kind / helpful.
3. I am not talking to my friends at the moment.
4. My best friend's name is Diana.
5. My friends are very interesting people.

16. Ме́бель
1. У меня́ ста́рая и краси́вая ме́бель.
2. Совреме́нная ме́бель уро́длива.
3. Диза́йнерская ме́бель о́чень дорога́я.

Sample Sentences on *be*

4. Сейча́с я в ме́бельном магази́не и я покупа́ю прикрова́тную ту́мбочку.
5. Деревя́нная ме́бель всегда́ популя́рна.

16. Furniture
1. My furniture is old and nice.
2. Modern furniture is ugly.
3. Design furniture is very expensive.
4. I am in a furniture store now and I am buying a bed-side table.
5. Wooden furniture is always popular.

17. Садово́дство
1. Сейча́с я не рабо́таю в саду́.
2. У меня́ небольшо́й сад.
3. Садово́дство – э́то прия́тное и помога́ющее рассла́биться заня́тие.
4. А ещё оно́ поле́зно и практи́чно.
5. Дома́шние фру́кты и о́вощи вку́сные.

17. Gardening
1. I am not working in the garden now.
2. My garden isn't big.
3. Gardening is nice and relaxing.
4. It is also healthy and practical.
5. Home-grown fruit and vegetables are delicious.

18. Ба́бушки и де́душки
1. Мои́ ба́бушка и де́душка из Фра́нции.
2. Им обо́им по се́мьдесят лет.
3. Они́ му́дрые и до́брые.
4. Они́ всё ещё акти́вные.
5. Сейча́с я иду́ навести́ть мою́ ба́бушку.

18. Grandparents
1. My grandparents are from France.
2. They are both seventy years old.
3. They are wise and kind.

Chapter Two

4. They are still active.
5. I am going to see my grandmother now.

19. Вредные привычки
1. Куре́ние – плоха́я и вре́дная привы́чка.
2. Куре́ние вре́дно для лёгких.
3. Алкоголи́зм - то́же вре́дная привы́чка.
4. Избы́ток алкого́ля вре́ден для пе́чени, се́рдца и мо́зга.
5. Сейча́с я иду́ по магази́нам, и э́то моя́ вре́дная привы́чка!

19. Harmful habits
1. Smoking is a bad and harmful habit.
2. Smoking is harmful to your lungs.
3. Drinking alcohol is a bad habit, too.
4. Drinking too much alcohol is bad for your liver, heart and brain.
5. I am going shopping now and this is my harmful habit!

20. Хо́бби
1. Моё хо́бби - чте́ние.
2. Люби́мое хо́бби моего́ сы́на - компью́терные и́гры.
3. Коллекциони́рование – отли́чное хо́бби.
4. Спорт – о́чень поле́зное хо́бби.
5. Сейча́с популя́рны приключе́нческие и риско́ванные хо́бби.

20. Hobbies
1. My hobby is reading.
2. My son is playing computer games now, as usual.
3. Collecting things is a great hobby.
4. Sport is a very healthy hobby.
5. Adventurous and risky hobbies are popular now.

21. Кани́кулы/ О́тпуск
1. Сейча́с я не в о́тпуске.
2. Мой о́тпуск обы́чно ле́том.
3. О́тпуск – э́то всегда́ прия́тное и расслабленное времяпрепровожде́ние.
4. Для мно́гих люде́й дли́нный о́тпуск – то́лько мечта́.
5. Будапе́шт – идеа́льное ме́сто для коро́тких кани́кул.

Sample Sentences on *be*

21. Holidays
1. I am not on holiday now.
2. My holiday is usually in summer.
3. Holidays are always nice and relaxing.
4. A long holiday is just a dream for a lot of people.
5. Budapest is an ideal place for a short holiday.

22. Гости́ницы
1. Сейча́с я не в гости́нице.
2. Моя́ люби́мая гости́ница – ма́ленький оте́ль в Грана́де.
3. Он называ́ется «Тореодо́р».
4. Э́то о́чень ую́тный трёхзвездочный оте́ль.
5. Не́которые гости́ницы о́чень дороги́е.

22. Hotels
1. I am not staying at a hotel at the moment.
2. My favourite hotel is a small hotel in Granada.
3. My favourite hotel is called "Toreador".
4. It is a very cosy three-star hotel.
5. Some hotels are very expensive.

23. Рабо́та по до́му
1. Дома́шние дела́ ску́чные.
2. Но они́ о́чень ва́жные.
3. Как раз сейча́с я мо́ю посу́ду.
4. Мытьё посу́ды про́сто ужа́сно.
5. К сча́стью, сти́рка тепе́рь – просто́е де́ло.

23. Household chores
1. Household chores are boring.
2. But they are very important.
3. I am doing the washing-up now.
4. Washing-up is just nasty.
5. Fortunately, washing is easy now.

24. Жизнь в го́роде
1. В го́роде жизнь интере́сная.
2. Го́род шу́мный и опа́сный.

3. В го́роде жизнь бы́страя и динами́чная.
4. В го́роде жизнь оживлённая.
5. Лю́ди в го́роде не́рвные.

24. Life in the city
1. Life in the city is interesting.
2. The city is noisy and dangerous.
3. Life in the city is fast and dynamic.
4. Life in the city is busy.
5. People in the city are nervous.

25. Жизнь за го́родом
1. Жизнь за го́родом ти́хая и безопа́сная.
2. Жизнь за го́родом ме́дленная и споко́йная.
3. Жизнь за го́родом ску́чная.
4. Жизнь за го́родом поле́зная и расслабля́ющая.
5. Мои́ де́ти сейча́с в гостя́х у ба́бушки и де́душки.

25. Life in the country
1. Life in the country is quiet and safe.
2. Life in the country is slow and peaceful.
3. Life in the country is boring.
4. Life in the country is healthy and relaxing.
5. My children are visiting their grandparents in the country now.

26. Лотере́я
1. Лотере́и сейча́с о́чень популя́рны.
2. Лотере́йные биле́ты не о́чень до́роги.
3. В лотере́ю мо́жно вы́играть мно́го де́нег.
4. Джекпо́ты иногда́ про́сто огро́мные.
5. Сейча́с мой муж смо́трит ро́зыгрыш лотере́и.

26. Lottery
1. Lotteries are very popular now.
2. Lottery tickets aren't very expensive.
3. The lottery is a quick way to get a lot of money.
4. Occasionally, jackpots are enormous.
5. My husband is watching a lottery show now.

Sample Sentences on *be*

27. Обе́д
1. Обе́д о́чень ва́жен.
2. Обы́чно я обе́даю в час.
3. Обы́чно в обе́д я про́сто переку́сываю.
4. Мы сейча́с не обе́даем.
5. Бистро́ и буфе́ты о́чень популя́рны.

27. Lunch
1. Lunch is very important.
2. My lunch is usually at one o'clock.
3. My lunch is usually just a snack.
4. We aren't having lunch now.
5. Take-away and sandwich shops are very popular.

28. Миллионе́р
1. Я не миллионе́р.
2. Миллионе́р – э́то о́чень бога́тый челове́к.
3. Мно́гие кинозвёзды и музыка́нты - миллионе́ры.
4. Не́которые лю́ди да́же мультимиллионе́ры.
5. Жизнь миллионе́ра не всегда́ проста́.

28. Millionaire
1. I am not a millionaire.
2. A millionaire is a very rich person.
3. A lot of film or music stars are millionaires.
4. Some people are even multimillionaires.
5. The life of a millionaire isn't always easy.

29. Де́ньги
1. Де́ньги – всегда́ пробле́ма.
2. Де́нег всегда́ недоста́точно.
3. Взять креди́т непро́сто.
4. Сли́шком мно́го де́нег – э́то то́же пробле́ма.
5. Мои́ друзья́ сейча́с пыта́ются зарабо́тать мно́го де́нег.

29. Money
1. Money is always a problem.
2. Money is never enough.

Chapter Two

3. Borrowing money isn't easy.
4. Too much money is also a problem.
5. My friends are trying to earn a lot of money at the moment.

30. Мой го́род
1. Я в Будапе́ште.
2. Сейча́с я гуля́ю в це́нтре Будапе́шта.
3. Мой го́род краси́в.
4. Будапе́шт не о́чень вели́к.
5. Он ста́рый и споко́йный.

30. My city
1. I am in Budapest.
2. I am walking in the centre of Budapest.
3. My city is beautiful.
4. Budapest isn't too big.
5. It is old and peaceful.

31. Моя́ страна́
1. Я из Ве́нгрии.
2. Ве́нгрия – э́то ма́ленькая страна́ в Евро́пе.
3. Э́то хоро́шая и краси́вая страна́.
4. Кли́мат здесь дово́льно мя́гкий.
5. Ве́нгры ве́жливые и дружелю́бные.

31. My country
1. I am from Hungary.
2. Hungary is a small country in Europe.
3. It is nice and beautiful.
4. The climate is rather mild here.
5. Hungarians are polite and friendly.

32. Мой шко́льный/ рабо́чий день
1. Мой рабо́чий день дли́тся с восьми́ до пяти́ часо́в.
2. Он дли́нный и утоми́тельный.
3. Обе́денный переры́в у меня́ с ча́су до двух.
4. Пе́рвый уро́к у меня́ в во́семь часо́в.
5. Как раз сейча́с я иду́ домо́й.

Sample Sentences on *be*

32. My school day/my working day
1. My working day is from eight to five o'clock.
2. It is long and tiring.
3. The lunch break is from 1 to 2 p.m.
4. The first lesson is at eight o'clock.
5. I am going back home now.

33. Мой идеа́льный дом
1. Мой идеа́льный дом – э́то краси́вый дом за́ го́родом.
2. Он не о́чень большо́й.
3. Он удо́бный.
4. Мой идеа́льный дом – на берегу́ мо́ря.
5. Мой идеа́льный дом – све́тлый и просто́рный.

33. My ideal house
1. My ideal house is a nice house in the country.
2. It isn't very big.
3. It is comfortable.
4. My ideal house is by the sea.
5. My ideal house is light and spacious.

34. О себе́
1. Меня́ зову́т Ли́за.
2. Мне два́дцать четы́ре го́да.
3. Сейча́с я изуча́ю англи́йский (венге́рский) язы́к.
4. Я высо́кая, полнова́тая и немно́го лени́вая.
5. Я дружелю́бная, отзы́вчивая и амбицио́зная. Мне легко́ даю́тся иностра́нные языки́.

34. Myself
1. My name is Lisa.
2. I am twenty-four years old.
3. I am learning English (Hungarian) at the moment.
4. I am tall, a bit plump and a little bit lazy.
5. I am friendly, helpful, ambitious and good at foreign languages.

Chapter Two

35. В междугородном автобусе
1. Сейчас я не в междугородном автобусе.
2. Междугородные автобусы довольно удобные.
3. Междугородные автобусы не очень быстрые.
4. Междугородные автобусы чистые.
5. Сейчас моя сестра ждёт междугородный автобус на вокзале.

35. On a coach
1. I am not on a coach.
2. Coaches are quite comfortable.
3. Coaches aren't very fast.
4. Coaches are clean.
5. My sister is waiting for a coach at the station now.

36. В самолёте
1. Самолёты быстрые и удобные.
2. Сейчас я не лечу в самолёте.
3. Самолёты не всегда безопасны.
4. Самолёты иногда опаздывают.
5. Билеты на самолёт дороги.

36. On a plane
1. Planes are fast and comfortable.
2. I am not flying now.
3. Planes aren't always safe.
4. Planes are sometimes late.
5. Planes are expensive.

37. В поезде
1. Сейчас я не в поезде.
2. Поезда в Будапешт ходят каждые сорок минут.
3. Поезда довольно быстрые.
4. Они удобные.
5. Поезда безопасные и чистые.

Sample Sentences on *be*

37. On a train
1. I am not on a train now.
2. The train to Budapest is every forty minutes.
3. Trains are quite fast.
4. They are comfortable.
5. Trains are safe and clean.

38. Вечеринки
1. К сожалению, сейчас я не на вечеринке.
2. К счастью, мои друзья сегодня устраивают вечеринку.
3. Некоторые вечеринки очень скучные.
4. Я не любитель вечеринок.
5. Студенческие вечеринки обычно шумные.

38. Parties
1. Unfortunately, I am not at a party now.
2. Fortunately, my friends are having a party tonight.
3. Some parties are really boring.
4. I am not a party-goer.
5. Students' parties are usually noisy.

39. Личность
1. Тому двадцать пять лет.
2. Он высокий, сильный и симпатичный.
3. Он программист.
4. Том умный, рассеянный и неаккуратный.
5. Сейчас он плавает в бассейне.

39. Personality
1. Tom is twenty-five years old.
2. He is tall, strong and handsome.
3. He is a programmer.
4. Tom is clever, absent-minded and untidy.
5. He is swimming in the swimming-pool now.

40. Домашние питомцы
1. Собаки и кошки – самые лучшие домашние питомцы.
2. Хомяки и рыбки тоже популярны.

Chapter Two

3. Мой дома́шний пито́мец – волни́стый попуга́йчик.
4. Его́ зову́т Джон Си́львер.
5. Как раз сейча́с он ест оре́хи.

40. Pets
1. The best pets are cats and dogs.
2. Hamsters and fish are also popular.
3. My pet is a budgie.
4. Its name is John Silver.
5. It is eating nuts at the moment.

41. Пра́здники
1. Пятна́дцатое ма́рта, двадца́тое а́вгуста, два́дцать тре́тье октября́, Рождество́ и Па́сха – госуда́рственные пра́здники в Ве́нгрии.
2. Пра́здники – это обы́чно нерабо́чие дни.
3. Мой люби́мый пра́здник - Рождество́.
4. В Рождество́ все лю́ди сча́стливы.
5. Па́сха – это о́чень краси́вый религио́зный пра́здник.

41. Public holidays
1. March 15, August 20, October 23, Christmas and Easter are public holidays in Hungary.
2. Public holidays are usually days-off.
3. Christmas is my favourite public holiday.
4. Everybody is happy at Christmas.
5. Easter is a very beautiful religious holiday.

42. Обще́ственный тра́нспорт
1. Авто́бусы, трамва́и, тролле́йбусы и метро́ – это обще́ственный тра́нспорт.
2. В Будапе́ште тра́нспорт дово́льно дорого́й.
3. Он безопа́сный и бы́стрый.
4. Сейча́с я жду авто́бус.
5. В города́х обще́ственный тра́нспорт о́чень ва́жен.

Sample Sentences on *be*

42. Public transport
1. Buses, trams, trolleybuses and the underground are public transport.
2. It is quite expensive in Budapest.
3. It is safe and fast.
4. I am waiting for a bus now.
5. Public transport is very important in cities.

43. Рестораны
1. Сегодня мы идём в ресторан.
2. Некоторые китайские или японские рестораны очень хорошие.
3. Мой любимый ресторан «Флюгер».
4. Это традиционный венгерский ресторан.
5. Бистро сегодня тоже очень популярны.

43. Restaurants
1. We are eating out tonight.
2. Some Chinese or Japanese restaurants are very good.
3. My favourite restaurant is called Weathercock.
4. It is a traditional Hungarian restaurant.
5. Take-away restaurants are also very popular today.

44. Моря и океаны
1. Отпуск на берегу моря – это здорово/ хорошо/ прекрасно/
1. полезно для здоровья.
2. Для меня отпуск на море – это наслаждение.
3. Море тёплое и голубое, ты отлично себя чувствуешь и расслабляешься.
4. Мой любимый курорт - Египет.
5. Красное море – настоящий рай для дайверов.

44. Seas and oceans
1. A holiday by the sea is really great/ nice/ wonderful/ healthy.
2. A holiday by the sea is a treat for me.
3. The sea is warm and blue and you are absolutely fine and relaxed.

Chapter Two

4. My favourite resort is in Egypt.
5. The Red Sea is a paradise for divers.

45. Шко́ла
1. У меня́ не о́чень больша́я шко́ла.
2. Она́ ста́рая.
3. Сейча́с ма́ма везёт меня́ в шко́лу на маши́не.
4. Она́ нахо́дится в це́нтре Будапе́шта.
5. Сейча́с я в шко́ле.

45. School
1. My school isn't very big.
2. It is old.
3. My mum is driving me to school now.
4. It is in the centre of Budapest.
5. I am at school now.

46. Taxi
1. Такси́ бы́стрые.
2. Они́ не дешёвы.
3. Мой дя́дя сейча́с вызыва́ет такси́.
4. Не́которые такси́сты нече́стные.
5. Большинство́ такси́ – э́то совреме́нные неме́цкие маши́ны.

46. Taxi
1. Taxis are fast.
2. They aren't cheap.
3. My uncle is calling a taxi now.
4. Some taxi drivers aren't honest.
5. Most taxis are modern German cars.

47. Учителя́
1. Преподава́ние – ва́жная профе́ссия.
2. Учителя́ обы́чно хоро́шие лю́ди.
3. Плохи́е учителя́ ску́чные.
4. Для меня́ лу́чший учи́тель - э́то мой учи́тель матема́тики.
5. Сейча́с учи́тель задаёт ученика́м вопро́сы.

Sample Sentences on *be*

47. Teachers
1. Teaching is an important profession.
2. Teachers are usually nice.
3. Bad teachers are boring.
4. The best teacher for me is my maths teacher.
5. The teacher is asking pupils questions now.

48. Телеви́дение
1. Телеви́дение поле́зно.
2. Телеви́дение ва́жно.
3. Телеви́дение помога́ет рассла́биться.
4. Де́ти сейча́с смо́трят телеви́зор.
5. У меня́ о́чень совреме́нный телеви́зор, с больши́м пло́ским экра́ном.

48. Television
1. Television is useful.
2. It is important.
3. It is relaxing.
4. The children aren't watching TV now.
5. My TV set is very modern with a large flat screen.

49. Теа́тры
1. Э́то хоро́ший спо́соб отдохну́ть.
2. Я большо́й театра́л.
3. К сожале́нию, сего́дня ве́чером я не иду́ в теа́тр.
4. Оди́н из са́мых лу́чших теа́тров в Будапе́ште - «Като́на Йо́жеф».
5. В Будапе́ште театра́льные биле́ты не о́чень дороги́е.

49. Theatres
1. It is a good way to relax.
2. I am a theatre-goer.
3. Unfortunately, I am not going to the theatre tonight.
4. One of the best theatres in Budapest is The Katona József Theatre.
5. Theatre tickets are not very expensive in Budapest.

Chapter Two

50. Выходны́е
1. Суббо́та и воскресе́нье – э́то выходны́е дни.
2. Э́то мои́ люби́мые дни.
3. Выходны́е о́чень помога́ют рассла́биться.
4. За го́родом в выходны́е не о́чень оживлённо.
5. В выходны́е все до́ма с семьёй.

50. Weekends
1. Sunday and Saturday are weekend days.
2. They are my favourite days.
3. Weekends are very relaxing.
4. In the country weekends aren't busy.
5. Everybody is at home with their family at weekends.

Chapter Three

SPECIAL TRAINING DRILLS
on modal verbs **мочь, уме́ть** (can, be able)

Тре́нинг 6

А́лекс уме́ет води́ть маши́ну, Ли́за уме́ет води́ть маши́ну, и Ге́за то́же уме́ет води́ть маши́ну. Ге́за отли́чно уме́ет води́ть маши́ну. А́лекс о́чень хорошо́ уме́ет води́ть маши́ну. Ли́за хорошо́ уме́ет води́ть маши́ну. Господи́н Кант не уме́ет води́ть маши́ну. Он совсе́м не уме́ет води́ть маши́ну. А́лекс уме́ет гото́вить, Ли́за уме́ет гото́вить, и Ге́за то́же уме́ет гото́вить. Ли́за отли́чно уме́ет гото́вить. Ге́за о́чень хорошо́ уме́ет гото́вить. А́лекс хорошо́ уме́ет гото́вить. Господи́н Кант не уме́ет гото́вить. Он совсе́м не уме́ет гото́вить. А́лекс уме́ет пла́вать, Ли́за уме́ет пла́вать, и Ге́за то́же уме́ет пла́вать. А́лекс отли́чно уме́ет пла́вать. Ли́за о́чень хорошо́ уме́ет пла́вать. Ге́за хорошо́ уме́ет пла́вать. Господи́н Кант не уме́ет пла́вать. Он совсе́м не уме́ет пла́вать. Господи́н Кант – дома́шний пито́мец Ли́зы. Господи́н Кант - большо́й жи́рный чёрный кот.

1. А́лекс, Ли́за и Ге́за уме́ют води́ть маши́ну? 2. Наско́лько хорошо́ уме́ет води́ть А́лекс? 3. Наско́лько хорошо́ уме́ет води́ть Ли́за? 4. Наско́лько хорошо́ уме́ет води́ть Ге́за? 5. Господи́н Кант уме́ет води́ть? 6. А́лекс, Ли́за и Ге́за уме́ют гото́вить? 7. Наско́лько хорошо́ уме́ет гото́вить А́лекс? 8. Наско́лько хорошо́ уме́ет гото́вить Ли́за? 9. Наско́лько хорошо́ уме́ет гото́вить Ге́за? 10. Господи́н Кант уме́ет гото́вить? 11. А́лекс, Ли́за и Ге́за уме́ют пла́вать? 12. Наско́лько хорошо́ уме́ет пла́вать А́лекс? 13. Наско́лько хорошо́ уме́ет пла́вать Ли́за? 14. Наско́лько хорошо́ уме́ет пла́вать Ге́за? 15. Господи́н Кант уме́ет пла́вать? 16. Кто тако́й господи́н Кант?

Training Drills on *can*

Training 6

Alex can drive, Lisa can drive and Geza can drive, too. Geza can drive perfectly. Alex can drive very well. Lisa can drive well. Mr. Kant can't drive. He can't drive at all. Alex can cook, Lisa can cook and Geza can cook, too. Lisa can cook perfectly. Geza can cook very well. Alex can cook well. Mr. Kant can't cook. He can't cook at all. Alex can swim, Lisa can swim and Geza can swim, too. Alex can swim perfectly. Lisa can swim very well. Geza can swim well. Mr. Kant can't swim. He can't swim at all. Mr. Kant is Lisa's pet. Mr. Kant is a big fat black tomcat.

1. Can Alex, Lisa and Geza drive? 2. How well can Alex drive? 3. How well can Lisa drive? 4. How well can Geza drive? 5. Can Mr. Kant drive? 6. Can Alex, Lisa and Geza cook? 7. How well can Alex cook? 8. How well can Lisa cook? 9. How well can Geza cook? 10. Can Mr. Kant cook? 11. Can Alex, Lisa and Geza swim? 12. How well can Alex swim? 13. How well can Lisa swim? 14. How well can Geza swim? 15. Can Mr. Kant swim? 16. Who is Mr. Kant?

Тре́нинг 7

Э́то наш о́фис. Здесь мо́жно рабо́тать, но здесь нельзя́ кури́ть. Э́то твой стол. Здесь мо́жно сиде́ть, но здесь нельзя́ есть. Э́то твой компью́тер. Его́ мо́жно испо́льзовать, но на нём нельзя́ игра́ть в и́гры. Э́то твой телефо́н. Им мо́жно по́льзоваться, но нельзя́ звони́ть друзья́м. Твой нача́льник нахо́дится в своём кабине́те. Ты его́ ви́деть не мо́жешь. Тем не ме́нее, он ви́дит тебя́. Он мо́жет ви́деть о́фис на монито́рах. Поэ́тому нам нельзя́ сли́шком мно́го разгова́ривать. Сейча́с ты мо́жешь нача́ть рабо́тать. Нельзя́ задава́ть вопро́сы нача́льнику. Мо́жно задава́ть вопро́сы мне, но нельзя́ задава́ть сли́шком мно́го вопро́сов.

1. Где ты? 2. Что здесь мо́жно де́лать? 3. Что здесь нельзя́ де́лать? 4. Что э́то? 5. Что здесь мо́жно де́лать? 6. Что здесь нельзя́ де́лать? 7. Что э́то? 8. Его́ мо́жно испо́льзовать? 9. Что нельзя́ де́лать? 10. Что э́то? 11. Мо́жно звони́ть по телефо́ну? 12. Мо́жно звони́ть друзья́м? 13. Где нача́льник? 14. Ты

Chapter Three

видишь его? 15. Он может видеть тебя? 16. Как он может тебя видеть? 17. Вам можно разговаривать? 18. Что можно сейчас начать делать? 19. Можно задавать вопросы начальнику? 20. Кому можно задавать вопросы? 21. Можно задавать много вопросов?

Training 7
This is our office. You can work here but you can't smoke here. This is your desk. You can sit here but you can't eat here. This is your computer. You can use it but you can't play games on it. This is your telephone. You can use it but you can't phone your friends. Your boss is in his office. You can't see him. However, he can see you. He can see the office on his monitors. So we can't talk too much. You can start work now. You can't ask your boss questions. You can ask me questions but you can't ask too many questions.

1. Where are you? 2. What can you do here? 3. What can't you do here? 4. What is this? 5. What can you do here? 6. What can't you do here? 7. What is this? 8. Can you use it? 9. What can't you do? 10. What is this? 11. Can you make phone calls? 12. Can you phone your friends? 13. Where is the boss? 14. Can you see him? 15. Can he see you? 16. How can he see you? 17. Can you talk? 18. What can you start now? 19. Can you ask your boss questions? 20. Who can you ask questions? 21. Can you ask many questions?

Тренинг 8
Я могу работать в этой комнате. Я могу сидеть за этим письменным столом. Я могу использовать этот компьютер. Я могу пользоваться этим телефоном. Сейчас я могу начать работать. Я не понимаю, почему я не могу курить в *своей* комнате. Я не понимаю, почему я не могу есть за *своим* письменным столом. Я не понимаю, почему я не могу играть на *своём* компьютере. Я не понимаю, почему я не могу звонить друзьям. Я не понимаю, почему я не могу сейчас увидеть начальника. Я не понимаю, почему я не могу задавать много вопросов начальнику.

Training Drills on *can*

Training 8

I can work in this room. I can sit at this desk. I can use this computer. I can use this telephone. I can start work now. I can't understand why I can't smoke in my room. I can't understand why I can't eat at my desk. I can't understand why I can't play games on my computer. I can't understand why I can't phone my friends. I can't understand why I can't see my boss now. And I can't understand why I can't ask my boss all my questions.

Тре́нинг 9

Ба́рбара и Али́са шко́льницы. Им мо́жно вме́сте ходи́ть в шко́лу, но им нельзя́ остана́вливаться пе́ред витри́нами магази́нов. Им нельзя́ опа́здывать в шко́лу. Мо́жно прийти́ в шко́лу ра́ньше, но нельзя́ приходи́ть в шко́лу сли́шком ра́но. Им мо́жно сиде́ть за одно́й па́ртой, но нельзя́ разгова́ривать друг с дру́гом во вре́мя уро́ка. В двена́дцать часо́в они́ мо́гут пообе́дать, но нельзя́ обе́дать в кла́ссе. Им мо́жно де́лать уро́ки вме́сте, но нельзя́ спи́сывать. Ве́чером им мо́жно посмотре́ть телеви́зор, но нельзя́ смотре́ть телеви́зор весь ве́чер. Им мо́жно поигра́ть на компью́тере, но нельзя́ игра́ть до́лго. Им мо́жно чита́ть в крова́ти, но не стра́шные исто́рии.

1. Ба́рбара и Али́са студе́нтки университе́та и́ли шко́льницы? 2. Куда́ они́ мо́гут ходи́ть пешко́м? 3. Что им нельзя́ де́лать по доро́ге в шко́лу? 4. Они́ мо́гут опа́здывать в шко́лу? 5. Они́ мо́гут приходи́ть в шко́лу ра́но? 6. Они́ мо́гут сиде́ть за одно́й па́ртой? 7. Они́ мо́гут разгова́ривать во вре́мя уро́ка? 8. Когда́ они́ мо́гут обе́дать? 9. Мо́гут они́ есть в кла́ссе? 10. Мо́гут они́ вме́сте выполня́ть дома́шние зада́ния? 11. Что им нельзя́ де́лать? 12. Мо́гут они́ смотре́ть телеви́зор? 13. Мо́гут они́ игра́ть на компью́тере? 14. Мо́гут они́ чита́ть в крова́ти? 15. Что им нельзя́ чита́ть?

Training 9

Barbara and Alice are school girls. They can walk to school together but they can't stop at shop windows. They can't get to school late. They can come to school early but they can't come to school too early. They can sit at one desk but they can't talk during

Chapter Three

the lesson. They can have lunch at 12 o'clock but they can't eat in the classroom. They can do homework together but they can't cheat. They can watch TV in the evening but they can't watch TV all evening. They can play on the computer but they can't play for long. They can read in bed but they can't read horror stories.

1. Are Barbara and Alice university students or school girls? 2. Where can they walk together? 3. What can't they do on the way to school? 4. Can they come to school late? 5. Can they come to school early? 6. Can they sit at one desk? 7. Can they talk during the lesson? 8. When can they have lunch? 9. Can they eat in the classroom? 10. Can they do homework together? 11. What can't they do? 12. Can they watch TV? 13. Can they play computer? 14. Can they read in bed? 15. What can't they read?

Тре́нинг 10
А́лекс в о́тпуске в Ло́ндоне, но он не мо́жет встре́титься со свое́й подру́гой Ли́зой, потому́ что она́ в о́тпуске в Будапе́ште. Ли́за возвраща́ется в Ло́ндон в суббо́ту, а А́лекс уезжа́ет из Ло́ндона в пя́тницу. А́лекс мо́жет встре́титься со свои́м дру́гом Ге́зой. Но А́лекс не мо́жет сейча́с встре́титься с Ге́зой, потому́ что А́лекс в Ло́ндоне, а Ге́за в Москве́. А́лекс мо́жет встре́титься с Ге́зой в пя́тницу, в суббо́ту и́ли воскресе́нье, потому́ что А́лекс возвраща́ется в Москву́ в пя́тницу, а Ге́за уезжа́ет в Будапе́шт в воскресе́нье.

Training 10
Alex is on holiday in London but he can't see his friend Lisa because she is on holiday in Budapest. Lisa is coming back to London on Saturday and Alex is leaving London on Friday. Alex can see his friend Geza. Alex can't see Geza now because Alex is in London and Geza is in Moscow. Alex can see Geza on Friday, Saturday or Sunday because Alex is coming back to Moscow on Friday and Geza is leaving Moscow on Sunday.

Chapter Four

SAMPLE SENTENCES ON FIFTY TOPICS
on modal verbs **мочь, уме́ть** (can, be able)

---

1. Жильё (кварти́ра, дом)
1. Мо́жно жить в кварти́ре и́ли в до́ме.
2. В кварти́ре/до́ме мо́жно спать, есть, гото́вить и чита́ть.
3. В ку́хне мо́жно гото́вить и есть.
4. В спа́льне мо́жно спать.
5. В гости́ной мо́жно чита́ть, смотре́ть телеви́зор и слу́шать му́зыку.

1. Accommodation (flat, house)
1. You can live in a flat or in a house.
2. You can sleep, eat, cook and read in your flat/ house.
3. You can cook and eat in the kitchen.
4. You can sleep in the bedroom.
5. You can read, watch TV and listen to music in the living room.

2. Ба́нки
1. В ба́нке мо́жно храни́ть де́ньги.
2. В ба́нке мо́жно взять креди́т.
3. Мо́жно плати́ть без нали́чных де́нег.
4. Мо́жно плати́ть креди́тной ка́рточкой.
5. Твой банк мо́жет опла́чивать счета с твоего́ теку́щего счёта.

2. Banks
1. You can keep your money in a bank.
2. You can take out a loan in a bank.
3. You can pay without money.
4. You can pay by credit card.
5. Your bank can pay your bills from your account.

Sample Sentences on *can*

3. Дни рожде́ния и имени́ны
1. На день рожде́ния мо́жно получи́ть мно́го пода́рков.
2. На имени́ны то́же мо́жно получи́ть не́сколько пода́рков.
3. На вечери́нку по слу́чаю дня рожде́ния мо́жно пригласи́ть всех друзе́й.
4. Де́вушки и же́нщины мо́гут получи́ть на день рожде́ния мно́го цвето́в.
5. У мужчи́н мо́жет быть похме́лье по́сле дня рожде́ния.

3. Birthdays and name days
1. You can get a lot of presents for your birthday.
2. You can get some presents for a name day, too.
3. You can invite all your friends to your birthday party.
4. Women and girls can get a lot of flowers for their birthday.
5. Men can get a hangover after their birthday.

4. Кни́ги
1. Я могу́ чита́ть любы́е кни́ги: рома́ны, расска́зы, нау́чно-фантасти́ческую литерату́ру и три́ллеры.
2. Я уме́ю чита́ть о́чень бы́стро – я могу́ прочита́ть пятьдеся́т страни́ц за раз.
3. Из книг мо́жно получи́ть мно́го информа́ции.
4. Мо́жно предста́вить себе́ геро́ев и ситуа́ции.
5. Мо́жно покупа́ть кни́ги и́ли брать их в библиоте́ке.

4. Books
1. I can read all kinds of books: novels, short stories, science fiction and thrillers.
2. I can read very fast and I can read fifty pages at a go.
3. You can get a lot of information from books.
4. You can imagine the characters and situations.
5. You can buy books or you can borrow them from a library.

5. За́втрак
1. Мо́жно вы́пить на за́втрак стака́н фрукто́вого со́ка и́ли ча́шку ко́фе/ча́я.
2. Мо́жно съесть на за́втрак немно́го йо́гурта и́ли кукуру́зные хло́пья.

Chapter Four

3. Я сам могу́ пригото́вить за́втрак.
4. По выходны́м лю́ди мо́гут хорошо́, пло́тно поза́втракать.
5. По выходны́м лю́ди мо́гут поза́втракать по́зже, чем обы́чно.

5. Breakfast
1. You can drink a glass of juice, a cup of coffee or tea for breakfast.
2. You can have some yoghurt or corn flakes for breakfast.
3. I can cook my breakfast myself.
4. At weekends people can have a big and heavy breakfast.
5. At weekends people can have breakfast later than usual.

6. Бра́тья и сёстры
1. Моя́ сестра́ о́чень хорошо́ уме́ет говори́ть по-англи́йски.
2. Мой брат уме́ет води́ть мотоци́кл.
3. Мой брат и я о́чень хорошо́ уме́ем петь.
4. Мо́жно люби́ть и́ли не люби́ть бра́та и́ли сестру́, но они́ – твоя́ семья́.
5. Бра́тья и сёстры всегда́ мо́гут тебе́ помо́чь.

6. Brothers and sisters
1. My sister can speak English very well.
2. My brother can ride a motorbike.
3. My brother and I can sing very well.
4. You can like or dislike your brother or sister but they are your family.
5. Brothers and sisters can always help you.

7. Маши́ны
1. Я уме́ю води́ть маши́ну, но не о́чень хорошо́.
2. Вожде́ние в го́роде мо́жет быть опа́сным.
3. В го́роде мо́жно е́хать со ско́ростью то́лько пятьдеся́т киломе́тров в час.
4. На автостра́де мо́жно е́хать со ско́ростью сто три́дцать киломе́тров в час.
5. На маши́не мо́жно добра́ться куда́ уго́дно.

33

Sample Sentences on *can*

7. Cars
1. I can drive but not very well.
2. Driving in the city can be dangerous.
3. You can only do fifty kilometres an hour in the city.
4. You can do one hundred and thirty kilometres an hour on the highway.
5. You can travel anywhere by car.

8. Кино́
1. В кино́ мо́жно хорошо́ провести́ вре́мя.
2. В кино́ мо́жно посмотре́ть фи́льмы и мультфи́льмы.
3. В кино́ мо́жно есть попко́рн и пить ко́лу.
4. Кино́ – хоро́шее ме́сто для свида́ния.
5. Мо́жно заказа́ть биле́ты зара́нее и́ли купи́ть их пря́мо пе́ред фи́льмом.

8. Cinemas
1. You can have a nice time at the cinema.
2. You can watch films and cartoons at the cinema.
3. You can eat popcorn and drink Cola at the cinema, too.
4. The cinema can be a good place for a date.
5. You can book tickets or you can buy them just before the film.

9. Просту́да и грипп
1. Зимо́й легко́ мо́жно простуди́ться.
2. Гри́ппом мо́жно зарази́ться в авто́бусе и́ли да́же в больни́це.
3. При гри́ппе нельзя́ рабо́тать.
4. Нельзя́ да́же пойти́ к друзья́м.
5. Éсли у тебя́ грипп, ты мо́жешь неде́лю пролежа́ть в посте́ли.

9. Colds and flu
1. You can easily catch a cold in winter.
2. You can catch flu on a bus or even in the hospital.
3. You can't work with flu.
4. You can't even visit your friends.
5. If you have flu, you can stay in bed for a week.

Chapter Four

10. Колле́ги /однокла́ссники
1. Мы мо́жем хорошо́ рабо́тать вме́сте.
2. Мы мо́жем хорошо́ ла́дить.
3. Мы мо́жем вме́сте ходи́ть в кино́.
4. Иногда́ мы мо́жем провести́ вечери́нку.
5. Иногда́ мы мо́жем и поссо́риться.

10. Colleagues/Classmates
1. We can work well together.
2. We can get on well.
3. We can go to the cinema together.
4. We can sometimes have a party.
5. We can quarrel sometimes, too.

11. У́жин
1. Мо́жно съесть на у́жин суп и мя́со с сала́том и́ли ри́сом.
2. Ещё мо́жно съесть жа́реную ры́бу с карто́шкой.
3. На десе́рт мо́жно пое́сть торт и́ли моро́женое.
4. Мо́жно поу́жинать в рестора́не.
5. Я сам не могу́ пригото́вить по-настоя́щему вку́сный у́жин.

11. Dinner
1. You can have soup and meat with some salad or rice for dinner.
2. You can have fish and chips, too.
3. You can have a cake or some ice-cream for dessert.
4. You can have dinner in a restaurant, too.
5. I can't cook a really delicious dinner myself.

12. Семья́
1. Я не могу́ навеща́ть мои́х роди́телей ка́ждую неде́лю.
2. Я могу́ когда́ уго́дно поговори́ть с ни́ми о мои́х пробле́мах.
3. Мы мо́жем вме́сте пое́хать ле́том отдыха́ть.
4. Вся семья́ мо́жет встре́титься у кого́-то на похорона́х и́ли сва́дьбе.
5. Твоя́ семья́ всегда́ мо́жет тебе́ помо́чь.

Sample Sentences on *can*

12. Family
1. I can't visit my parents every week.
2. I can always talk to them about my troubles on the phone.
3. We can go on holiday together.
4. The whole family can meet at somebody's wedding or funeral.
5. Your family can always help you.

13. Знаменитые люди
1. Можно много прочитать о знаменитых людях.
2. Их можно увидеть по телевизору.
3. Знаменитые люди могут помочь бедным людям и детям.
4. Знаменитые люди не могут спокойно жить.
5. Информация о знаменитых людях может дорого стоить.

13. Famous people
1. You can read a lot about famous people.
2. You can see them on TV.
3. Famous people can help poor people and children.
4. Famous people can't live in peace.
5. Information about famous people can cost a lot.

14. Любимая еда
1. Я могу поесть мои любимые блюда в ресторане.
2. Я могу есть рыбу каждый день.
3. Моя мама умеет готовить все мои любимые блюда.
4. Есть люди, которые не могут жить без своих любимых блюд.
5. Я не в силах отказаться от морских блюд.

14. Favourite foods
1. I can eat my favourite foods at a restaurant.
2. I can eat fish every day.
3. My mum can cook all my favourite dishes.
4. Some people can't live without their favourite foods.
5. I can't resist seafood.

Chapter Four

15. Друзья
1. Мой друг о́чень хорошо́ уме́ет танцева́ть.
2. Мы мо́жем вме́сте поговори́ть, потанцева́ть, сходи́ть в рестора́н и послу́шать му́зыку.
3. Твои́ друзья́ всегда́ мо́гут тебе́ помо́чь.
4. Друзья́ мо́гут мно́го знать о тебе́.
5. Нельзя́ про́сто так забы́ть свои́х друзе́й.

15. Friends
1. My friend can dance very well.
2. We can talk, dance, eat out and listen to music together.
3. Friends can always help you.
4. Friends can know a lot about you.
5. You can't just forget about your friends.

16. Ме́бель
1. В магази́не «Икеа» мо́жно купи́ть о́чень хоро́шую ме́бель.
2. Не́которые лю́ди мо́гут сде́лать отли́чную ме́бель.
3. Я уме́ю сам чини́ть свою́ ме́бель.
4. Ме́бель из де́рева мо́жет до́рого сто́ить.
5. Молоды́е па́ры мо́гут снача́ла купи́ть поде́ржанную ме́бель.

16. Furniture
1. You can buy some very good furniture in Ikea.
2. Some people can make wonderful furniture.
3. I can repair my furniture myself.
4. Wooden furniture can cost a lot.
5. Young couples can buy second-hand furniture at first.

17. Садово́дство
1. По выходны́м я могу́ рабо́тать в саду́.
2. В саду́ мо́жно выра́щивать фру́кты и о́вощи.
3. В саду́ мо́жно выра́щивать цветы́.
4. Цветы́ мо́жно разводи́ть и на балко́не.
5. Не́которые лю́ди уме́ют выра́щивать больши́е и вку́сные фру́кты и о́вощи.

Sample Sentences on *can*

17. Gardening
1. I can work in my garden at weekends.
2. You can grow fruit and vegetables in your garden.
3. You can grow flowers in your garden.
4. You can grow flowers on the balcony, too.
5. Some people can grow large and delicious fruits and vegetables.

18. Бабушки и дедушки
1. Мой дедушка очень хорошо умеет петь.
2. Моя бабушка умеет готовить отличные блюда.
3. Я всегда могу их навестить.
4. Они могут дать мне хороший совет.
5. Я могу получить от них симпатичные подарки, изготовленные своими руками.

18. Grandparents
1. My grandfather can sing very well.
2. My grandmother can cook wonderful meals.
3. I can always visit them.
4. They can give me good advice.
5. I can get some nice hand-made presents from them.

19. Вредные привычки
1. Я могу съесть целую плитку шоколада.
2. Я могу прочитать всю ночь.
3. Некоторые люди могут выкурить двадцать сигарет в день.
4. Наркотики могут быстро убить.
5. Слишком много кофе тоже может быть вредно.

19. Harmful habits
1. I can eat a whole chocolate bar.
2. I can read the whole night through.
3. Some people can smoke twenty cigarettes a day.
4. Drugs can kill you in the short run.
5. Drinking too much coffee can be harmful, too.

Chapter Four

20. Хо́бби
1. Я уме́ю игра́ть на пиани́но.
2. Моя́ сестра́ уме́ет о́чень хорошо́ рисова́ть.
3. Мо́жно собира́ть ма́рки, ва́зы и́ли игру́шки.
4. Бога́тые лю́ди мо́гут собира́ть стари́нные карти́ны, кни́ги и́ли маши́ны.
5. Не́которые лю́ди да́же мо́гут коллекциони́ровать за́мки.

20. Hobbies.
1. I can play the piano.
2. My sister can paint very well.
3. You can collect stamps, vases or toys.
4. Rich people can collect old pictures, books or cars.
5. Some people can even collect castles!

21. Кани́кулы/О́тпуск
1. На Балато́не мо́жно провести́ по-настоя́щему хоро́ший о́тпуск.
2. В о́тпуске мо́жно по́зже встава́ть.
3. В о́тпуске мо́жно пое́хать к мо́рю, за́ город и́ли в го́ры.
4. Мо́жно пое́хать ката́ться на лы́жах и́ли пойти́ в похо́д.
5. Мо́жно пое́хать в друго́й го́род и́ли страну́ и мно́гое узна́ть об их культу́ре.

21. Holidays
1. You can have a really nice holiday at Balaton.
2. You can get up late on holiday.
3. You can go to the sea, to the countryside, to the hills and mountains on holiday.
4. You can go skiing or hiking.
5. You can go to another town or country and learn a lot about the culture.

22. Гости́ницы
1. В Ло́ндоне мо́жно останови́ться в гости́нице «Парк Оте́ль».
2. В гости́нице мо́жно хорошо́ провести́ вре́мя.
3. В гости́нице мо́жно ночева́ть в но́мере, а есть в рестора́не.

Sample Sentences on *can*

4. В гости́нице мо́жно ничего́ не де́лать самому́.
5. Бога́тые лю́ди мо́гут по́просту жить в гости́нице.

22. Hotels
1. You can stay in The Park Hotel in London.
2. You can have a nice time in the hotel.
3. You can sleep in your room and eat in a restaurant in the hotel.
4. You can just do nothing in the hotel.
5. Rich people can just live in hotels.

23. Рабо́та по до́му
1. Моя́ подру́га о́чень хорошо́ уме́ет гото́вить.
2. Пока́ стира́льная маши́на стира́ет, я могу́ почита́ть.
3. Пока́ посудомо́ечная маши́на мо́ет, я могу́ посмотре́ть телеви́зор.
4. Пока́ мой муж пылесо́сит, я могу́ поговори́ть по телефо́ну.
5. Я всё уме́ю де́лать по до́му сам.

23. Household chores
1. My girlfriend can cook very well.
2. I can read while my washing machine is washing.
3. I can watch TV while my dishwasher is washing-up.
4. I can talk on the phone while my husband is vacuum cleaning.
5. I can do everything about the house myself.

24. Жизнь в го́роде
1. В го́роде мо́жно найти́ хоро́шую рабо́ту.
2. В го́роде мо́жно по́льзоваться обще́ственным тра́нспортом.
3. В го́роде мо́жно пойти́ в теа́тр и́ли в кино́.
4. В го́роде мо́жно пойти́ в рестора́н.
5. В го́роде всегда́ мо́жно встре́титься с друзья́ми.

24. Life in the city
1. You can find a good job in the city.
2. You can use public transport in the city.
3. You can go to the theatre or cinema in the city.
4. You can go to a restaurant in the city.
5. You can always meet your friends in the city.

Chapter Four

25. Жизнь за городом
1. За городом можно купить дом с садом.
2. За городом можно выращивать фрукты и овощи.
3. За городом можно спокойно жить.
4. За городом можно завести много домашних животных.
5. За городом можно завести таких домашних животных, как куры, гуси, коровы и свиньи.

25. Life in the country
1. You can buy a house with a garden in the country.
2. You can grow fruit and vegetables in the country.
3. You can live quietly in the country.
4. You can have a lot of pets.
5. You can have animals like chickens, geese, cows and pigs
1. in the country.

26. Лотерея
1. Лотерейный билет можно купить когда угодно.
2. Лотерейный билет можно покупать каждую неделю.
3. В лотерею можно выиграть много денег.
4. Можно выиграть отпуск или машину.
5. В лотерею можно выиграть и небольшие призы.

26. Lottery
1. You can buy a lottery ticket any time.
2. You can buy a lottery ticket every week.
3. You can win a lot of money in a lottery.
4. You can win a holiday or a car.
5. You can win just a small prize in a lottery.

27. Обед
1. Можно съесть на обед салат, мясо или рыбу.
2. Можно съесть на обед только бутерброды.
3. Школьники могут обедать в школьной столовой.
4. Можно купить обед на вынос.
5. Иногда я вообще не могу пообедать.

Sample Sentences on *can*

27. Lunch
1. You can have a salad, meat or fish for lunch.
2. You can have just sandwiches for lunch.
3. Schoolchildren can have lunch in the school canteen.
4. You can buy a take-away lunch.
5. Sometimes, I can't have lunch at all.

28. Миллионе́р
1. Миллионе́р мо́жет мно́го путеше́ствовать.
2. Миллионе́р мо́жет купи́ть дорогу́ю оде́жду и маши́ны.
3. Миллионе́р мо́жет переста́ть рабо́тать.
4. Миллионе́р мо́жет помо́чь благотвори́тельным организа́циям.
5. У миллионе́ра мо́жет быть мно́го пробле́м.

28. Millionaire
1. A millionaire can travel a lot.
2. A millionaire can buy expensive clothes and cars.
3. A millionaire can stop working.
4. A millionaire can help charity organizations.
5. A millionaire can have a lot of problems.

29. Де́ньги
1. Мо́жно распла́чиваться без нали́чных де́нег.
2. Мо́жно плати́ть креди́тной ка́ртой.
3. Мо́жно плати́ть че́ками.
4. Мо́жно взять креди́т в ба́нке.
5. Де́ньги не прино́сят сча́стья.

29. Money
1. You can pay without cash, too.
2. You can pay by credit card.
3. You can pay by cheque.
4. You can borrow money from a bank.
5. Money can't make you happy.

Chapter Four

30. Мой го́род
1. В Будапе́ште мо́жно погуля́ть по на́бережной Дуна́я.
2. В Будапе́ште мо́жно учи́ться и рабо́тать.
3. В Будапе́ште мо́жно хорошо́ провести́ вре́мя.
4. В Будапе́ште мо́жно встре́тить мно́го тури́стов.
5. В Будапе́ште мо́жно пойти́ в теа́тр и́ли музе́й.

30. My city
1. I can walk along the Danube in Budapest.
2. You can study and work in Budapest.
3. You can have a nice time in Budapest.
4. You can meet a lot of tourists in Budapest.
5. You can go to the theatre or to a museum in Budapest.

31. Моя́ страна́
1. В Ве́нгрии мо́жно вы́пить хоро́шего вина́.
2. В Ве́нгрии мо́жно отдохну́ть на Балато́не.
3. В Ве́нгрии мо́жно провести́ кани́кулы в гора́х Ма́тра.
4. В Ве́нгрии мо́жно уви́деть мно́го достопримеча́тельностей.
5. В Ве́нгрии мо́жно встре́тить мно́го интере́сных люде́й.

31. My country
1. You can drink good wine in Hungary.
2. You can go to Balaton for a holiday in Hungary.
3. You can go to the Matra mountains for a holiday in Hungary.
4. You can visit a lot of sights in Hungary.
5. You can meet a lot of interesting people in Hungary.

32. Мой шко́льный/ рабо́чий день
1. Я могу́ потра́тить час на обе́д.
2. Я могу́ сде́лать коро́ткий переры́в на ко́фе.
3. На уро́ках ученики́ мо́гут чита́ть, писа́ть, слу́шать учителе́й, отвеча́ть на вопро́сы и писа́ть контро́льные рабо́ты.
4. На переме́нах ученики́ мо́гут перекуси́ть и́ли вы́йти во двор.
5. Я не могу́ по́здно встава́ть в рабо́чие дни.

Sample Sentences on *can*

32. My school day/my working day
1. I can have an hour's break for lunch.
2. I can have short coffee breaks, too.
3. Students can read, write, listen to their teachers, answer their questions, and do tests during the lessons.
4. During the breaks pupils can have snacks or go out to the school yard.
5. I can't get up late on workdays.

33. Мой идеа́льный дом
1. Мои́ друзья́ мо́гут навести́ть меня́ в любо́е вре́мя.
2. Мы мо́жем проводи́ть вечери́нки в на́шем саду́.
3. Мы мо́жем есть на терра́се.
4. В моём идеа́льном до́ме у меня́ мо́жет быть кабине́т и небольшо́й спорти́вный зал.
5. Я могу́ пла́вать в бассе́йне.

33. My ideal house
1. Friends can always visit me.
2. We can have parties in our garden.
3. We can have meals on the terrace.
4. I can have a study and a small gym in my ideal house.
5. I can swim in my swimming pool, too.

34. О себе́
1. Я о́чень хорошо́ уме́ю танцева́ть.
2. Я уме́ю игра́ть на пиани́но.
3. Я уме́ю говори́ть на трёх иностра́нных языка́х.
4. Я не о́чень хорошо́ уме́ю води́ть маши́ну.
5. Я соверше́нно не уме́ю гото́вить.

34. Myself
1. I can dance very well.
2. I can play the piano.
3. I can speak three foreign languages.
4. I can't drive very well.
5. I can't cook at all.

Chapter Four

35. В междугородном автобусе
1. В междугородном автобусе можно читать.
2. В междугородном автобусе можно слушать музыку.
3. В Венгрии междугородным автобусом можно добраться куда угодно.
4. На междугородном автобусе можно поехать за границу.
5. На междугородном автобусе нельзя ехать очень быстро.

35. On a coach
1. You can read on a coach.
2. You can listen to music on a coach.
3. You can travel by coach anywhere in Hungary.
4. You can travel abroad by coach.
5. You can't travel very fast by coach.

36. В самолёте
1. На самолёте можно полететь очень далеко.
2. В самолёте можно читать, спать, есть и даже пить вино.
3. В некоторых самолётах можно посмотреть фильм.
4. Чемоданы нельзя брать с собой в салон самолёта.
5. Можно взять с собой только небольшую сумку.

36. On a plane
1. You can travel very far by plane.
2. You can read, sleep, eat and even drink wine on a plane.
3. You can watch films on some planes.
4. You can't take your suitcase with you to a plane.
5. You can only take a small bag with you.

37. В поезде
1. В поезде можно почитать книгу или журнал.
2. Можно поговорить с другими пассажирами.
3. Можно полюбоваться пейзажем.
4. В вагоне-ресторане можно выпить кофе и съесть бутерброды.
5. В поезде можно встретиться с интересными людьми.

Sample Sentences on *can*

37. On a train
1. You can read a book or a magazine on a train.
2. You can talk to your fellow passengers.
3. You can enjoy the scenery.
4. You can drink coffee and eat some sandwiches in the buffet-car.
5. You can meet some interesting people on a train.

38. Вечеринки
1. На вечеринке можно много танцевать.
2. На вечеринке можно хорошо провести время.
3. На вечеринке можно есть и пить.
4. На вечеринке можно встретиться с интересными людьми.
5. Соседи могут очень сердиться из-за вечеринки.

38. Parties
1. You can dance a lot at a party.
2. You can have a nice time at a party.
3. You can eat and drink at a party.
4. You can meet interesting people at a party.
5. Your neighbours can be very angry about your party.

39. Личность
1. Дженни очень хорошо умеет плавать.
2. Джордж очень хорошо умеет водить машину.
3. Лора немного умеет петь.
4. Мой сын не умеет навести порядок в своей комнате.
5. Моя сестра совершенно не умеет готовить.

39. Personality
1. Jenny can swim very well.
2. George can drive well.
3. Laura can sing a little.
4. My son can't tidy up his room.
5. My sister can't cook at all.

40. Домашние питомцы
1. Собаки могут охранять дом.
2. Кошки могут играть с детьми.

Chapter Four

3. Попуга́и уме́ют разгова́ривать.
4. Мо́жно поговори́ть с дома́шним пито́мцем, и он мо́жет поня́ть тебя́.
5. Нельзя́ уйти́ и оста́вить своего́ люби́мца одного́.

40. Pets
1. Dogs can guard a house.
2. Cats can play with children.
3. Parrots can talk.
4. You can talk to your pet and it can understand you.
5. You can't go away and leave your pet alone.

41. Пра́здники
1. Лю́ди мо́гут отдохну́ть до́ма с семьёй.
2. В выходны́е дни мо́жно путеше́ствовать.
3. В выходны́е дни мо́жно отпра́виться в похо́д.
4. Мо́жно навести́ть друзе́й и родны́х.
5. В выходны́е дни нельзя́ пойти́ за поку́пками, потому́ что магази́ны закры́ты.

41. Public holidays
1. People can have a rest at home with their families.
2. They can travel on public holidays.
3. They can go hiking on public holidays.
4. They can visit their friends and relatives.
5. You can't go shopping on public holidays because shops aren't open.

42. Обще́ственный тра́нспорт
1. На рабо́ту и́ли в шко́лу мо́жно е́хать на авто́бусе, трамва́е и́ли тролле́йбусе.
2. Мо́жно е́хать и на метро́.
3. Мо́жно купи́ть ме́сячный проездно́й и́ли ра́зовый биле́т.
4. С любы́м из них мо́жно е́здить на любо́м ви́де тра́нспорта.
5. В Будапе́ште мо́жно бы́стро и безопа́сно добра́ться на рабо́ту на обще́ственном тра́нспорте.

Sample Sentences on *can*

42. Public transport
1. You can get to work or school by bus, tram or trolleybus.
2. You can go by underground, too.
3. You can buy a monthly pass or a daily ticket.
4. You can travel with it on all kinds of public transport.
5. Public transport can take you to work fast and safely in Budapest.

43. Рестораны
1. В ресторане можно отведать венгерскую, европейскую, китайскую, японскую или индийскую еду.
2. В ресторане можно выпить хорошего вина.
3. Во многих местах можно заплатить кредитной картой.
4. Я не могу есть сырую рыбу, так называемые суши.
5. К сожалению, мы не можем часто ходить в ресторан.

43. Restaurants
1. You can eat Hungarian, European, Chinese, Japanese or Indian food in a restaurant.
2. You can drink good wine in a restaurant.
3. You can pay by credit card in many places.
4. I can't eat raw fish, the so-called sushi.
5. Unfortunately, we can't eat out very often.

44. Моря и океаны
1. На пляже можно плавать и загорать.
2. В ресторане на берегу моря можно есть жареную рыбу, омаров и устриц.
3. Ночью можно гулять и смотреть на звёзды на небе.
4. Ночью можно плавать с море.
5. Можно заниматься подводным плаванием и увидеть много экзотических рыб.

44. Seas and oceans
1. You can swim and lie in the sun at the beach.
2. You can eat grilled fish, lobsters and oysters in a restaurant by the sea.
3. You can walk at night and you can see stars in the sky.

Chapter Four

4. You can swim in the sea at night.
5. You can dive and see a lot of exotic fish.

45. Шко́ла
1. В шко́ле мо́жно изуча́ть мно́го предме́тов.
2. В шко́ле мо́жно изуча́ть иностра́нные языки́.
3. В шко́ле мо́жно завести́ хоро́ших друзе́й.
4. Я не могу́ отве́тить на вопро́с учи́теля.
5. Я не могу́ хорошо́ написа́ть э́тот тест.

45. School
1. You can learn a lot of subjects at school.
2. You can learn foreign languages at school.
3. You can make good friends at school.
4. I can't answer the teacher's question.
5. I can't do this test well.

46. Такси́
1. На такси́ мо́жно бы́стро добра́ться до рабо́ты.
2. Такси́ мо́жно вы́звать по телефо́ну.
3. Мо́жно останови́ть такси́ на у́лице.
4. Шофёр такси́ мо́жет обману́ть.
5. У шофёра такси́ мо́жно получи́ть информа́цию о гости́ницах и рестора́нах.

46. Taxi
1. A taxi can get you to work very fast.
2. You can call a taxi by phone.
3. You can hail a taxi in the street.
4. A taxi driver can cheat you.
5. You can get information about hotels and restaurants from a taxi driver.

47. Учителя́
1. Хоро́ший учи́тель мо́жет научи́ть любо́го.
2. Хоро́ший учи́тель мо́жет дать мно́го информа́ции.
3. У хоро́шего учи́теля мо́жно мно́го узна́ть.

4. Мо́жно задава́ть учи́телю вопро́сы.
5. Учи́тель мо́жет задава́ть вопро́сы и ста́вить оце́нки.

47. Teachers
1. A good teacher can teach anyone.
2. A good teacher can give you a lot of information.
3. You can learn a lot from a good teacher.
4. You can ask your teacher questions.
5. Your teacher can ask you questions and give you a mark.

48. Телеви́дение
1. Мо́жно посмотре́ть но́вости по телеви́зору.
2. Мо́жно посмотре́ть фи́льмы и переда́чи.
3. По телеви́зору мо́жно смотре́ть сто кана́лов.
4. Мо́жно мно́гое узна́ть о ми́ре.
5. От телерекла́мы мо́жет стать то́шно.

48. Television
1. You can watch the news on TV.
2. You can watch films and shows.
3. You can watch one hundred channels on TV.
4. You can learn a lot about the world.
5. Commercials on TV can make you sick.

49. Теа́тры
1. Театра́льные биле́ты мо́жно заказа́ть по телефо́ну.
2. Мо́жно купи́ть биле́ты в ка́ссе.
3. Мо́жно посмотре́ть знамени́тую венге́рскую опере́тту в теа́тре Опере́тты.
4. О́перу и бале́т мо́жно уви́деть в О́перном теа́тре.
5. К сожале́нию, я не могу́ ча́сто ходи́ть в теа́тр.

49. Theatres
1. You can book a theatre ticket on the phone.
2. You can buy a ticket at the box office, too.
3. You can see famous Hungarian operetta at the Operetta Theatre.
4. You can see opera and ballet at the Opera.
5. Unfortunately, I can't go to the theatre very often.

Chapter Four

50. Выходны́е
1. Я могу́ навести́ть тебя́ в выходны́е.
2. В выходны́е мо́жно соверши́ть дли́нную прогу́лку.
3. В выходны́е мо́жно навести́ть друзе́й и ро́дственников.
4. Мо́жно по́зже встава́ть.
5. В э́ти выходны́е они́ не мо́гут пое́хать в го́ры.

50. Weekends
1. I can visit you this weekend.
2. You can go for a long walk at weekends.
3. You can visit your friends or relatives at weekends.
4. You can get up late.
5. They can't go to the mountains this weekend.

Chapter Five

SPECIAL TRAINING DRILLS
on phrase of possession **у него́ есть** (has, owns)

Тре́нинг 11
А́лекс, Ге́за и Ли́за еду́т в о́тпуск. У А́лекса есть биле́т в Ло́ндон. У Ге́зы есть биле́т в Москву́. У Ли́зы есть биле́т в Будапе́шт. У А́лекса оди́н чемода́н. У Ге́зы два чемода́на. У Ли́зы три чемода́на. У А́лекса в чемода́не то́лько оде́жда. У Ге́зы в одно́м чемода́не оде́жда, а в друго́м – кни́ги. У Ли́зы в одно́м чемода́не оде́жда, в друго́м – кни́ги, а в тре́тьем – ту́фли. У Ли́зы в чемода́не два́дцать пар ту́фель. У Ли́зы в Ло́ндоне сто пар ту́фель.

1. У кого́ есть биле́т в Ло́ндон? 2. У кого́ есть биле́т в Будапе́шт? 3. У кого́ есть биле́т в Москву́? 4. Ско́лько чемода́нов у А́лекса? 5. Ско́лько чемода́нов у Ге́зы? 6. Ско́лько чемода́нов у Ли́зы? 7. Что у А́лекса в чемода́не? 8. Что у Ге́зы в чемода́нах? 9. Что у Ли́зы в чемода́нах? 10. Ско́лько пар о́буви у Ли́зы в Ло́ндоне?

Training 11
Alex, Geza and Lisa are going on holiday. Alex has got a ticket to London. Geza has got a ticket to Moscow. Lisa has got a ticket to Budapest. Alex has got one suitcase. Geza has got two suitcases. Lisa has got three suitcases. Alex has got only clothes in his suitcase. Geza has got clothes in one suitcase and books in the other one. Lisa has got clothes in one suitcase, she has got books in the second suitcase and she has got shoes in the third one. Lisa has got twenty pairs of shoes in her suitcase. Lisa has got one hundred pairs of shoes in London.

1. Who has got a ticket to London? 2. Who has got a ticket to Budapest? 3. Who has got a ticket to Moscow? 4. How many suitcases has Alex got? 5. How many suitcases has Geza got? 6.

52

Training Drills on *have/has*

How many suitcases has Lisa got? 7. What has Alex got in his suitcase? 8. What has Geza got in his suitcases? 9. What has Lisa got in her suitcases? 10. How many pairs of shoes has Lisa got in London?

Тре́нинг 12
У Ба́рбары и Али́сы есть ма́ма. У них есть па́па. У них есть брат. Его́ зову́т Са́ймон. У Ба́рбары и Али́сы есть де́душка. Его́ то́же зову́т Са́ймон. У Ба́рбары и Али́сы ещё есть ба́бушка. У них нет тёти. У них нет дя́ди. У них есть дома́шний пито́мец. На са́мом де́ле, у них два дома́шних пито́мца. У Ба́рбары есть щено́к, и у Али́сы есть щено́к. Соба́чки то́же близнецы́.

1. У Ба́рбары и Али́сы есть ма́ма и па́па? 2. У них есть бра́тья и сёстры? 3. У них есть ба́бушки и де́душки? 4. У них есть тёти и дя́ди? 5. Ско́лько у них дома́шних пито́мцев? 6. Их дома́шние пито́мцы близнецы́? 7. Ба́рбара и Али́са то́же близнецы́?

Training 12
Barbara and Alice have got a mother. They have got a father. They have got a brother. His name is Simon. Barbara and Alice have got a grandfather. His name is Simon, too. Barbara and Alice have got a grandmother, too. They haven't got an aunt. They haven't got an uncle. They have got a pet. Actually, they have got two pets. Barbara has got a puppy and Alice has got a puppy. The puppies are twins too.

1. Have Barbara and Alice got a mother and a father? 2. Have they got brothers and sisters? 3. Have they got grandparents? 4. Have they got aunts and uncles? 5. How many pets have they got? 6. Are the pets twins? 7. Are Barbara and Alice twins, too?

Тре́нинг 13
У нас кварти́ра со все́ми удо́бствами. У нас есть газ. У нас есть электри́чество. У нас есть холо́дная и горя́чая вода́. У нас есть центра́льное отопле́ние. У нас есть телефо́н. У нас есть ка́бельное телеви́дение.

Chapter Five

Training 13
We have got all the modern conveniences in our flat. We have got gas. We have got electricity. We have got hot and cold running water. We have got central heating. We have got a telephone. We have got cable television.

Тре́нинг 14
У То́ма нет ма́мы. У То́ма нет па́пы. У То́ма нет кварти́ры. У То́ма нет маши́ны. У То́ма нет компью́тера. У То́ма нет телеви́зора. У То́ма нет ра́дио. Том не бомж. Том - ма́льчик. У него́ есть тётя. Её зову́т тётя По́лли. А ма́льчика зову́т Том Со́йер.

1. У То́ма есть ма́ма? 2. У То́ма есть па́па? 3. У То́ма есть кварти́ра? 4. У То́ма есть маши́на? 5. У То́ма есть компью́тер? 6. У То́ма есть телеви́зор? 7. У То́ма есть ра́дио? 8. Том – бомж? 9. Том ста́рый? 10. У То́ма есть тётя? 11. Как её зову́т? 12. Како́е у То́ма по́лное и́мя?

Training 14
Tom hasn't got a mother. Tom hasn't got a father. Tom hasn't got a flat. Tom hasn't got a car. Tom hasn't got a computer. Tom hasn't got a television. Tom hasn't got a radio. Tom isn't a tramp. Tom is a boy. He has got an aunt. Her name is Aunt Polly. And his name is Tom Sawyer.

1. Has Tom got a mother? 2. Has Tom got a father? 3. Has Tom got a flat? 4. Has Tom got a car? 5. Has Tom got a computer? 6. Has Tom got a television? 7. Has Tom got a radio? 8. Is Tom a tramp? 9. Is Tom old? 10. Has Tom got an aunt? 11. What is her name? 12. What is Tom's full name?

Тре́нинг 15
У ми́стера Блэ́ка большо́й дом, у То́ни ма́ленький дом. У ми́стера Блэ́ка больша́я соба́ка, у То́ни ма́ленькая соба́ка. У ми́стера Блэ́ка больша́я но́вая маши́на, у То́ни ма́ленькая ста́рая маши́на. У ми́стера Блэ́ка больша́я семья́, у То́ни

Training Drills on *have/has*

маленькая семья. У мистера Блэка двое детей, четыре внука и восемь правнуков. У Тони только один ребёнок. Он слишком молод, чтобы иметь внуков.

1. Какой дом у мистера Блэка и какой дом у Тони? 2. Какая собака у мистера Блэка и какая собака у Тони? 3. Какая машина у мистера Блэка и какая машина у Тони? 4. У кого большая семья и у кого маленькая семья? 5. Сколько детей, внуков и правнуков у мистера Блэка? 6. Сколько детей у Тони? 7. У Тони есть внуки?

Training 15
Mr Black has got a big house, Tony has got a small house. Mr Black has got a big dog, Tony has got a small dog. Mr Black has got a big new car, Tony has got a small old car. Mr Black has got a big family, Tony has got a small family. Mr Black has got two children, four grandchildren and eight great-grandchildren. Tony has got only one child. He is too young to have grandchildren.

1. What kind of house has Mr Black got and what kind of house has Tony got? 2. What kind of dog has Mr Black got and what kind of dog has Tony got? 3. What kind of car has Mr Black got and what kind of car has Tony got? 4. Who has got a big family and who has got a small family? 5. How many children, grandchildren and great-grandchildren has Mr Black got? 6. How many children has Tony got? 7. Has Tony got any grandchildren?

Тренинг 16
В нашей квартире есть всевозможные электрические приборы. У нас есть телевизор. У нас есть компьютер. У нас есть видеомагнитофон. У нас есть проигрыватель CD-дисков. У нас есть проигрыватель DVD-дисков. У нас есть пылесос. У нас есть холодильник. У нас есть микроволновая печь. У нас есть стиральная машина. У нас есть посудомоечная машина.

Chapter Five

Training 16
They have got all sorts of electrical equipment and domestic appliances in their flat. They have got a television. They have got a computer. They have got a video player. They have got a CD player. They have got a DVD player. They have got a vacuum cleaner. They have got a fridge. They have got a microwave oven. They have got a washing machine. They have got a dishwasher.

Chapter Six

SAMPLE SENTENCES ON FIFTY TOPICS
on phrase of possession **у него́ есть** (has, owns)

---

1. Жильё (кварти́ра, дом)
1. У меня́ есть кварти́ра.
2. В мое́й кварти́ре три ко́мнаты: ку́хня, гости́ная и спа́льня.
3. В кварти́ре ещё есть ва́нная.
4. В кварти́ре центра́льное отопле́ние.
5. Из кварти́ры краси́вый вид.

1. Accommodation (flat, house)
1. I have got a flat.
2. My flat has got three rooms: a kitchen, a living room and a bedroom.
3. It has got a bathroom, too.
4. It has got central heating.
5. It has got a nice view.

2. Ба́нки
1. У меня́ есть креди́тная ка́рта.
2. У меня́ есть теку́щий счёт в CIB ба́нке.
3. У ба́нков мно́го клие́нтов.
4. У ба́нков мно́го услу́г.
5. У меня́ на счёте немно́го де́нег.

2. Banks
1. I have got a credit card.
2. I have got an account at CIB Bank.
3. Banks have got a lot of clients.
4. Banks have got a lot of services.
5. I haven't got much money in my account.

Sample Sentences on *have/has*

3. Дни рожде́ния и имени́ны
1. У меня́ вечери́нка по слу́чаю дня рожде́ния.
2. У меня́ есть день рожде́ния и имени́ны.
3. В Ве́нгрии у всех есть имени́ны.
4. Сего́дня у меня́ нет дня рожде́ния.
5. За́втра у мое́й подру́ги день рожде́ния.

3. Birthdays and name days
1. I have got a birthday party.
2. I have got a birthday and a name day, too.
3. In Hungary everybody has got a name day.
4. I haven't got a birthday today.
5. My girlfriend's got a birthday tomorrow.

4. Кни́ги
1. У меня́ немно́го книг.
2. У меня́ то́лько о́коло семи́десяти книг.
3. У мои́х роди́телей мно́го хоро́ших книг.
4. У них мно́го кни́жных по́лок.
5. У мое́й сестры́ совсе́м нет книг на англи́йском языке́.

4. Books
1. I haven't got many books.
2. I have only got about seventy books.
3. My parents have got a lot of good books.
4. They have got a lot of bookcases.
5. My sister hasn't got any English books.

5. За́втрак
1. У меня́ мно́го еды́ в холоди́льнике.
2. У меня́ есть молоко́, я́йца, ма́сло, сыр, ветчина́ и са́ло.
3. У меня́ есть немно́го фру́ктов.
4. У моего́ дру́га есть о́чень хоро́шая кофева́рка.
5. Почему́ у тебя́ нет то́стера?

5. Breakfast
1. I have got a lot of food in the fridge.
2. I have got some milk, eggs, butter, cheese, ham and bacon.

Chapter Six

3. I have also got some fruit.
4. My boyfriend has got a very good coffee machine.
5. Why haven't you got a toaster?

6. Бра́тья и сёстры
1. У меня́ два бра́та.
2. У меня́ нет сестры́.
3. У меня́ нет пробле́м с мои́ми бра́тьями.
4. У нас одина́ковые вку́сы.
5. У нас обо́их тёмные во́лосы.

6. Brothers and sisters
1. I have got two brothers.
2. I haven't got any sisters.
3. I have got no problems with my brother.
4. We have got the same tastes.
5. We both have got dark hair.

7. Маши́ны
1. У меня́ нет маши́ны.
2. У моего́ му́жа о́чень бы́страя маши́на.
3. Во мно́гих се́мьях есть две и́ли да́же три маши́ны.
4. В на́шей маши́не о́чень большо́й бага́жник.
5. У нас с ней нет никаки́х пробле́м.

7. Cars
1. I haven't got a car.
2. My husband has got a very fast car.
3. A lot of families have got two or three cars.
4. Our car has got a very large boot.
5. We haven't got any problems with it.

8. Кино́
1. У меня́ есть два биле́та в кино́.
2. В Будапе́ште есть не́сколько отли́чных кинотеа́тров.
3. В кинотеа́трах Мультипле́кс мно́го за́лов.
4. В на́шем го́роде то́лько оди́н кинотеа́тр.
5. У Джо́на нет де́нег, что́бы сходи́ть в кино́.

Sample Sentences on *have/has*

8. Cinemas
1. I have got two tickets to the cinema.
2. Budapest has got some great cinemas.
3. Multiplex cinemas have got a lot of halls.
4. Our town has only got one cinema.
5. John hasn't got any money to go to the cinema.

9. Просту́ды и грипп
1. Зимо́й у мно́гих просту́да и́ли грипп.
2. У них боли́т голова́ и го́рло.
3. Иногда́ у меня́ быва́ет лёгкая просту́да о́сенью и́ли зимо́й.
4. У меня́ есть хоро́шее лека́рство про́тив гри́ппа.
5. К сча́стью, у моего́ ребёнка сейча́с нет просту́ды.

9. Colds and flu
1. A lot of people have got flu or a cold in the winter.
2. They have got a headache and a sore throat.
3. Sometimes I have got a light cold in autumn or in winter.
4. I have got good medicine for the flu.
5. Fortunately, my child hasn't got a cold now.

10. Колле́ги/Однокла́ссники
1. У всех есть колле́ги и́ли однокла́ссники.
2. У меня́ немно́го колле́г.
3. У одного́ моего́ однокла́ссника причёска па́нка.
4. У всех мои́х однокла́ссников есть моби́льный телефо́н.
5. У моего́ колле́ги плохо́й хара́ктер.

10. Colleagues / Classmates
1. Everybody has got colleagues or classmates.
2. I haven't got many colleagues.
3. One of my classmates has got a punk hair-do.
4. All my classmates have got mobile phones.
5. My colleague has got a bad temper.

Chapter Six

11. У́жин
1. У меня́ в холоди́льнике есть прекра́сная ры́ба, и я могу́ пригото́вить её на у́жин.
2. У не́которых люде́й в холоди́льниках мно́го полуфабрика́тов.
3. У нас ничего́ нет в холоди́льнике.
4. В э́том рестора́не нет све́жих морепроду́ктов.
5. У нас полно́ еды́ на у́жин.

11. Dinner
1. I have got nice fish in the fridge and I can cook it for dinner.
2. Some people have got a lot of pre-cooked food in the fridge.
3. We haven't got anything in the fridge.
4. This restaurant hasn't got any fresh seafood.
5. We have got plenty of food for dinner.

12. Семья́
1. У меня́ есть брат, три двою́родных бра́та, оди́н племя́нник и одна́ племя́нница.
2. У меня́ немно́го ро́дственников.
3. В мое́й семье́ есть не́сколько хоро́ших тради́ций.
4. У меня́ то́лько одна́ ба́бушка.
5. У мое́й ма́мы нет бра́тьев и сестёр.

12. Family
1. I have got one brother, three cousins, one nephew and one niece.
2. I haven't got many relatives.
3. My family has got some nice traditions.
4. I've only got one grandmother.
5. My mother hasn't got any sisters or brothers.

13. Знамени́тые лю́ди
1. У большинства́ знамени́тых люде́й краси́вые дома́ и маши́ны.
2. У знамени́тых люде́й мно́го покло́нников.
3. У знамени́того челове́ка немно́го настоя́щих друзе́й.

Sample Sentences on *have/has*

4. У знамени́тых люде́й есть не́которые обя́занности.
5. У мое́й сестры́ мно́го фотогра́фий поп-звёзд.

13. Famous people
1. Most famous people have got nice houses and cars.
2. Famous people have got a lot of fans.
3. A famous person hasn't got many real friends.
4. Famous people have got some duties.
5. My sister has got a lot of photos of pop stars.

14. Люби́мая еда́
1. У всех есть люби́мые блю́да.
2. У меня́ мно́го люби́мых блюд.
3. У меня́ всегда́ есть немно́го ры́бы в холоди́льнике.
4. В э́том рестора́не вку́сные блю́да.
5. У меня́ нет люби́мого напи́тка.

14. Favourite foods
1. Everybody has got some favourite foods.
2. I have got a lot of favourite foods.
3. I have always got some fish in the fridge.
4. This restaurant has got some nice dishes.
5. I haven't got any favourite drinks.

15. Друзья́
1. У меня́ мно́го хоро́ших друзе́й.
2. У моего́ дру́га тёмные глаза́ и ми́лая улы́бка.
3. У нас одина́ковые хо́бби и круг интере́сов.
4. Как раз сейча́с у моего́ дру́га нет рабо́ты.
5. У меня́ ма́ло вре́мени для того́, что́бы встреча́ться с мои́ми друзья́ми.

15. Friends
1. I have got a lot of good friends.
2. My friend has got dark eyes and a nice smile.
3. We have got the same hobbies and interests.
4. My friend hasn't got a job at the moment.
5. I haven't got much time to see my friends.

Chapter Six

16. Мéбель
1. У меня́ немно́го мéбели.
2. У меня́ о́чень удо́бный дива́н.
3. У моего́ му́жа мно́го книг на кни́жных по́лках.
4. У меня́ бéлые занавéски.
5. У мое́й тёти нет совремéнной мéбели, у неё стари́нная мéбель.

16. Furniture
1. I haven't got a lot of furniture.
2. I have got a really comfortable sofa.
3. My husband has got a lot of books in his bookcases.
4. I have got white curtains.
5. My aunt hasn't got modern furniture, she's got antique furniture.

17. Садово́дство
1. У меня́ есть сад.
2. У меня́ есть нéсколько цветóчных горшко́в на балко́не.
3. В моём са́ду есть по-настоя́щему прекра́сные цветы́.
4. У мои́х роди́телей небольшо́й сад.
5. В э́том году́ у мое́й ба́бушки нет клубни́ки.

17. Gardening
1. I have got a garden.
2. I have got some flowerpots on the balcony.
3. I have got really wonderful flowers in my garden.
4. My parents haven't got a big garden.
5. My grandmother hasn't got any strawberries this year.

18. Ба́бушки и дéдушки
1. У мои́х ба́бушки и дéдушки хоро́ший/ ма́ленький/ краси́вый дом.
2. Ещё у них есть прекра́сный сад вокру́г до́ма.
3. У них есть больша́я соба́ка.
4. У мое́й ба́бушки нет седы́х воло́с.
5. У моего́ дéдушки дли́нная борода́.

Sample Sentences on *have/has*

18. Grandparents
1. My grandparents have got a nice / small / beautiful house.
2. They have got a wonderful garden around the house, too.
3. They have got a big dog.
4. My grandmother hasn't got any grey hair.
5. My grandpa has got a long beard.

19. Вре́дные привы́чки
1. У моего́ бли́зкого дру́га нет вре́дных привы́чек.
2. У не́которых люде́й есть о́чень вре́дные привы́чки, наприме́р, куре́ние.
3. У меня́ нет сигаре́т.
4. У моего́ му́жа мно́го вре́дных привы́чек.
5. У него́ есть пробле́мы со здоро́вьем.

19. Harmful habits
1. My boyfriend hasn't got any harmful habits.
2. Some people have got really harmful habits, for example, smoking.
3. I haven't got any cigarettes.
4. My husband has got a lot of harmful habits.
5. He has got some health problems.

20. Хо́бби
1. У меня́ нет хо́бби.
2. У меня́ есть интере́сное хо́бби.
3. У моего́ дру́га есть пятьдеся́т игру́шечных соба́чек.
4. У меня́ мно́го экзоти́ческих ма́рок.
5. У мое́й сестры́ есть не́сколько гли́няных статуэ́ток.

20. Hobbies
1. I haven't got a hobby.
2. I have got an interesting hobby.
3. My friend has got fifty toy dogs.
4. I have got a lot of exotic stamps.
5. My sister has got several clay figures.

Chapter Six

21. Кани́кулы/О́тпуск
1. К сожале́нию, у меня́ нет ле́тних кани́кул/ о́тпуска.
2. У меня́ замеча́тельные пла́ны на кани́кулы/ о́тпуск.
3. В Ве́нгрии мно́го о́чень хоро́ших куро́ртов.
4. У нас нет де́нег, что́бы пое́хать в о́тпуск за грани́цу.
5. У моего́ дру́га двухнеде́льный о́тпуск.

21. Holidays
1. Unfortunately, I haven't got a summer holiday.
2. I have got some great plans for the holiday.
3. Hungary has got some very good resorts.
4. We haven't got any money to go abroad on holiday.
5. My friend has got a two weeks' holiday.

22. Гости́ницы
1. В э́той гости́нице пятьдеся́т шесть номеро́в.
2. В ка́ждом но́мере есть ва́нная, телеви́зор, холоди́льник и кондиционе́р.
3. В гости́нице нет со́бственного пля́жа.
4. В большинстве́ гости́ниц есть рестора́н.
5. В спа-оте́лях есть терма́льные бассе́йны.

22. Hotels
1. This hotel has got fifty-six rooms.
2. Each room has got a bathroom, a TV, a fridge and air-conditioning.
3. The hotel hasn't got a private beach.
4. Most hotels have got restaurants.
5. Spa hotels have got thermal baths.

23. Дома́шние дела́
1. У меня́ мно́го дел по до́му.
2. У моего́ дру́га нет дел по до́му.
3. За́ городом у люде́й бо́льше дел по до́му.
4. У де́вушек и же́нщин мно́го дел по до́му.
5. У ма́льчиков и мужчи́н немно́го дел по до́му.

Sample Sentences on *have/has*

23. Household chores
1. I have got a lot of household chores.
2. My boyfriend hasn't got any household chores.
3. In the country people have got more household chores.
4. Girls and women have got a lot of household chores.
5. Boys and men haven't got many household chores.

24. Жизнь в го́роде
1. В городско́й жи́зни есть свои́ преиму́щества и недоста́тки.
2. В города́х мно́го школ и больни́ц.
3. В города́х мно́го кинотеа́тров и теа́тров.
4. У городски́х жи́телей ча́сто быва́ет стресс.
5. В моём го́роде хоро́ший обще́ственный тра́нспорт.

24. Life in the city
1. Life in the city has got its pros and cons.
2. Cities have got a lot of schools and hospitals.
3. Cities have got a lot of cinemas and theatres.
4. People in the city have got a lot of stress.
5. My city has got good public transport.

25. Жизнь за го́родом
1. У се́льских жи́телей краси́вые дома́.
2. У се́льских жи́телей краси́вые сады́ вокру́г домо́в.
3. У них есть дома́шние живо́тные, таки́е как сви́ньи, ко́зы, ку́ры и́ли гу́си.
4. У се́льских жи́телей немно́го сосе́дей.
5. У се́льских жи́телей есть маши́ны.

25. Life in the country
1. People in the country have got nice houses.
2. People in the country have got beautiful gardens around their houses.
3. They have got animals like pigs, goats, hens or geese.
4. People in the country haven't got many neighbours.
5. People in the country have got cars.

Chapter Six

26 Лотере́я
1. У меня́ нет лотере́йного биле́та.
2. У моего́ двою́родного бра́та мно́го лотере́йных биле́тов.
3. У не́которых лотере́й есть специа́льные телепереда́чи.
4. У не́которых люде́й действи́тельно огро́мные вы́игрыши.
5. Обы́чно лотере́и име́ют хоро́шую при́быль.

26. Lottery
1. I haven't got a lottery ticket.
2. My cousin has got a lot of lottery tickets.
3. Some lotteries have got special TV programmes.
4. Some people have got really enormous winnings.
5. Generally lotteries have got a lot of profit.

27. Обе́д
1. У меня́ есть час на обе́д.
2. У мое́й подру́ги нет обе́денного переры́ва.
3. У нас есть немно́го су́па в холоди́льнике.
4. У нас нет мя́са.
5. В э́том бистро́ вку́сные бутербро́ды.

27. Lunch
1. I have got an hour for lunch.
2. My girlfriend hasn't got a lunch-break.
3. We have got some soup in the fridge.
4. We haven't got any meat.
5. This take-away shop has got delicious sandwiches.

28. Миллионе́р
1. У миллионе́ров больши́е дома́.
2. У них есть дороги́е маши́ны и да́же самолёты.
3. У миллионе́ра диза́йнерская оде́жда и украше́ния.
4. У миллионе́ров нет пробле́м с деньга́ми.
5. У них есть други́е пробле́мы.

28. Millionaire
1. Millionaires have got large houses.
2. They have got expensive cars and even planes.

67

Sample Sentences on *have/has*

3. A millionaire has got fashion clothes and jewelry.
4. Millionaires haven't got any problems with money.
5. They have got other problems.

29. Деньги
1. У меня немного денег.
2. На моём банковском счёте есть немного денег.
3. У одних людей есть проблемы с деньгами, у других - нет.
4. У нас нет долгов.
5. Сколько у тебя с собой денег?

29. Money
1. I haven't got much money.
2. I have got some money in my bank account.
3. Some people have got problems with money and some haven't.
4. We haven't got any debts.
5. How much money have you got on you?

30. Мой город
1. У меня есть маленькая квартира в Будапеште.
2. В Будапеште много красивых улиц и зданий.
3. В Будапеште много магазинов и ресторанов.
4. В Будапеште много достопримечательностей.
5. В Будапеште есть несколько отличных театров и концертных залов.

30. My city
1. I have got a small flat in Budapest.
2. Budapest has got a lot of beautiful streets and buildings.
3. It has got a lot of shops and restaurants.
4. Budapest has got a lot of sights.
5. It has got some great theatres and concert halls.

31. Моя страна
1. В Венгрии есть уникальные вина.
2. В Венгрии уникальная национальная кухня.
3. В Венгрии красивые города.

Chapter Six

4. Ещё в Венгрии есть национальные парки.
5. В Венгрии нет моря.

31. My country
1. Hungary has got some unique wines.
2. It has got a unique national cuisine.
3. It has got some beautiful cities.
4. Hungary has got some national parks, too.
5. Hungary hasn't got a coast.

32. Мой школьный/рабочий день
1. У меня восьмичасовой рабочий день.
2. У меня удобное рабочее место.
3. У меня пять рабочих дней в неделю.
4. У учеников после каждого урока есть перемена.
5. У учеников нет длинного обеденного перерыва.

32. My school day/my working day
1. I have got an eight-hour working day.
2. I have got a comfortable working place.
3. I have got five working days a week.
4. Schoolchildren have got breaks after every lesson.
5. Schoolchildren haven't got a long lunch-break.

33. Мой идеальный дом
1. В моём идеальном доме семь комнат.
2. В нём два этажа.
3. Есть красивый сад.
4. В нём также есть камин.
5. В моём идеальном доме есть бассейн, а также сауна.

33. My ideal house
1. My ideal house has got seven rooms.
2. It has got two floors.
3. It has got a nice garden.
4. It has got a fireplace, too.
5. My ideal house has got a swimming pool and a sauna, too.

Sample Sentences on *have/has*

34. О себе́
1. У меня́ тёмные глаза́ и дли́нные тёмные во́лосы.
2. У меня́ интере́сная рабо́та.
3. У меня́ есть ко́шка.
4. У меня́ нет дете́й.
5. У меня́ есть не́сколько интере́сных хо́бби.

34. Myself
1. I have got dark eyes and long dark hair.
2. I have got an interesting job.
3. I have got a cat.
4. I haven't got any children.
5. I have got some interesting hobbies.

35. В междугоро́дном авто́бусе
1. У меня́ есть биле́т на междугоро́дный авто́бус.
2. В междугоро́дном авто́бусе приблизи́тельно со́рок сидя́чих мест.
3. В междугоро́дном авто́бусе есть кондиционе́р.
4. В междугоро́дном авто́бусе то́лько одна́ и́ли две две́ри.
5. В междугоро́дном авто́бусе нет контролёров.

35. On a coach
1. I have got a coach ticket.
2. A coach has got about forty seats.
3. Coaches have got air-conditioning.
4. Coaches have only got one or two doors.
5. Coaches haven't got ticket collectors.

36. В самолёте
1. У меня́ нет биле́та на самолёт в Ло́ндон.
2. В самолёте есть би́знес-класс и эконо́м-класс.
3. В самолёте есть кондиционе́р.
4. У пассажи́ров есть чемода́ны и́ли су́мки.
5. В самолёте есть стюарде́ссы.

Chapter Six

36. On a plane
1. I haven't got a plane ticket to London.
2. A plane has got a business class and an economy class.
3. A plane has got air-conditioning.
4. Passengers have got suitcases or bags.
5. Planes have got flight attendants.

37. В поезде
1. У всех пассажи́ров есть чемода́ны.
2. У них есть кни́ги и́ли журна́лы.
3. Коне́чно, у них и биле́ты то́же есть.
4. В по́езде мно́го купе́.
5. В по́езде есть ваго́н-рестора́н.

37. On a train
1. All the passengers have got suitcases.
2. They have got books or magazines.
3. They have got tickets, of course.
4. A train has got a lot of compartments.
5. A train has got a buffet car.

38. Вечери́нки
1. У меня́ мно́го друзе́й, и я могу́ пригласи́ть их на вечери́нку.
2. Сего́дня ве́чером у нас нет вечери́нки.
3. У нас нет напи́тков для вечери́нки.
4. У нас есть отли́чные за́писи.
5. У дете́й быва́ют кло́уны на вечери́нках.

38. Parties
1. I have got a lot of friends and I can invite them to a party.
2. We haven't got any party tonight.
3. We haven't got any drinks for the party.
4. We have got some great records.
5. Children have got clowns at their parties.

39. Ли́чность
1. У всех есть си́льные и сла́бые сто́роны.
2. У Мэ́ри краси́вые тёмные глаза́ и дли́нные тёмные во́лосы.

Sample Sentences on *have/has*

3. У Джона хоро́шее чу́вство ю́мора.
4. У всех нас ра́зные хо́бби и вку́сы.
5. У моего́ бра́та нет плохи́х привы́чек.

39. Personality
1. Everybody has got their strengths and weaknesses.
2. Mary has got beautiful dark, eyes and long dark hair.
3. John has got a good sense of humour.
4. We all have got different hobbies and tastes.
5. My brother hasn't got any bad habits.

40. Дома́шние пито́мцы
1. У меня́ есть дома́шний пито́мец.
2. У него́ тёмные до́брые глаза́.
3. У мно́гих люде́й есть дома́шние пито́мцы.
4. У не́которых люде́й осо́бенные пито́мцы, наприме́р, пауки́.
5. К сча́стью, у мои́х сосе́дей нет ко́мнатных живо́тных.

40. Pets
1. I have got a pet.
2. It has got dark kind eyes.
3. A lot of people have got pets.
4. Some people have got unusual pets, like spiders.
5. Fortunately, my neighbours haven't got any pets.

41. Пра́здники
1. У нас немно́го пра́здников.
2. Их приблизи́тельно де́сять.
3. У нас есть религио́зные и национа́льные пра́здники.
4. У нас есть и междунаро́дные пра́здники, наприме́р, Пе́рвое ма́я.
5. В э́том ме́сяце нет пра́здников

41. Public holidays
1. We haven't got many public holidays.
2. We have got about ten of them.
3. We have got religious and national public holidays.

Chapter Six

4. We have got some international public holidays, like the 1st of May.
5. This month hasn't got any public holidays.

42. Общественный транспорт
1. В будапештском метро три линии.
2. В Будапеште двести автобусных маршрутов.
3. Есть и ночные автобусы.
4. У этого пассажира нет действительного просздного билета.
5. У нас нет месячного проездного.

42. Public transport
1. The Budapest underground has got three lines.
2. Budapest has got two hundred bus lines.
3. It has also got night buses.
4. This passenger hasn't got a valid ticket.
5. We haven't got a monthly pass.

43. Рестораны
1. В этом ресторане очень хороший повар.
2. В меню этого ресторана много венгерских блюд.
3. В этом ресторане очень уютная атмосфера.
4. В ресторанах есть вина со всего мира.
5. В меню этого ресторана нет блюд из морепродуктов.

43. Restaurants
1. This restaurant has got a very good chef.
2. The restaurant has got a lot of Hungarian dishes on the menu.
3. It has got a very cosy atmosphere, too.
4. Restaurants have got wines from all over the world.
5. This restaurant hasn't got any seafood on the menu.

44. Моря и океаны
1. У каникул на море много преимуществ.
2. У многих морей отличные пляжи.
3. Вода в Адриатическом море очень чистая.
4. В морях и океанах солёная вода.
5. У нас нет апартаментов на берегу моря.

Sample Sentences on *have/has*

44. Seas and oceans
1. A holiday by the sea has got a lot of advantages.
2. A lot of seas have got wonderful beaches.
3. The Adriatic Sea has got very clean water.
4. Seas and oceans have got salty water.
5. We haven't got an apartment by the sea.

45. Шко́ла
1. Во вто́рник у нас мно́го уро́ков.
2. У нас мно́го дома́шних зада́ний.
3. Ка́ждый день у нас уро́к англи́йского языка́.
4. Сего́дня у нас нет матема́тики.
5. У моего́ сы́на не о́чень хоро́шие оце́нки.

45. School
1. We have got a lot of classes on Tuesday.
2. We have got a lot of homework.
3. We have got English lessons every day.
4. We haven't got maths today.
5. My son hasn't got very good marks at school.

46. Такси́
1. У ка́ждого такси́ есть специа́льный знак «ТАКСИ́».
2. На не́которых такси́ та́кже есть эмбле́ма фи́рмы.
3. В ка́ждом такси́ есть счётчик.
4. В э́той фи́рме такси́ у меня́ есть ски́дка.
5. У него́ нет де́нег на такси́.

46. Taxi
1. All taxis have got special TAXI signs.
2. Some taxis have got company emblems, too.
3. All taxis have got taxi-meters.
4. I have got a discount for this taxi company.
5. He hasn't got any money for a taxi.

47. Учителя́
1. У меня́ о́чень хоро́ший учи́тель хи́мии.
2. У меня́ нет пробле́м с учителя́ми.

3. У хоро́ших учителе́й прия́тный го́лос и улы́бка.
4. У моего́ учи́теля нет очко́в.
5. У неё све́тлые во́лосы и голубы́е глаза́.

47. Teachers
1. I have got a very nice teacher of chemistry.
2. I haven't got any problems with my teachers.
3. Good teachers have got a nice voice and a smile.
4. My teacher hasn't got glasses.
5. She has got fair hair and blue eyes.

48. Телеви́дение
1. В на́ше вре́мя у всех есть телеви́зор.
2. У мно́гих есть спу́тниковое телеви́дение.
3. У нас нет ка́бельного телеви́дения.
4. У нас то́лько обще́ственное телеви́дение.
5. В телепереда́чах мно́го рекла́мы.

48. Television
1. Everybody has got a TV set now.
2. A lot of people have got satellite television.
3. We haven't got cable television.
4. We have only got public television.
5. TV programmes have got a lot of commercials.

49. Теа́тры
1. У теа́тров мно́го покло́нников.
2. В теа́тре мно́го се́кторов.
3. В теа́тре есть сце́на, парте́р и балко́н.
4. На сце́не тёмно-кра́сный за́навес.
5. В э́том теа́тре нет буфе́та.

49. Theatres
1. Theatres have got a lot of fans.
2. A theatre has got a lot of sections.
3. It has got a stage, stalls and a gallery.
4. The stage has got dark red curtains.
5. This theatre hasn't got a buffet.

Sample Sentences on *have/has*

50. Выходны́е
1. В э́ти выходны́е у меня́ больша́я вечери́нка.
2. У нас мно́го пла́нов на выходны́е.
3. В воскресе́нье у меня́ мно́го свобо́дного вре́мени.
4. У него́ нет осо́бых пла́нов на выходны́е.
5. По выходны́м у нас нет уро́ков.

50. Weekends
1. I have got a big party this weekend.
2. We have got a lot of plans for the weekend.
3. I have got a lot of free time on Sunday.
4. He hasn't got any special plans for the weekend.
5. We haven't got classes at the weekend.

Chapter Seven

SPECIAL TRAINING DRILLS
on verbs **есть, име́ется, существу́ет** (there is/there are)

___

Тре́нинг 17
В Будапе́ште есть река́. В Ло́ндоне есть река́. И в Москве́ есть река́. В Будапе́ште есть метро́. В Ло́ндоне есть метро́. И в Москве́ есть метро́. В Будапе́ште есть зоопа́рк. В Ло́ндоне есть зоопа́рк. И в Москве́ есть зоопа́рк. В Будапе́ште мно́го церкве́й. В Ло́ндоне мно́го церкве́й. И в Москве́ мно́го церкве́й. В Будапе́ште мно́го музе́ев. В Ло́ндоне мно́го музе́ев. И в Москве́ мно́го музе́ев. В Будапе́ште мно́го теа́тров. В Ло́ндоне мно́го теа́тров. И в Москве́ мно́го теа́тров.

1. В Будапе́ште есть река́? 2. В Ло́ндоне есть река́? 3. В Москве́ есть река́? 4. В Будапе́ште есть метро́? 5. В Ло́ндоне есть метро́? 6. В Москве́ есть метро́? 7. В Будапе́ште есть зоопа́рк? 8. В Ло́ндоне есть зоопа́рк? 9. В Москве́ есть зоопа́рк? 10. В Будапе́ште мно́го церкве́й? 11. В Ло́ндоне мно́го церкве́й? 12. В Москве́ мно́го церкве́й? 13. В Будапе́ште мно́го музе́ев? 14. В Ло́ндоне мно́го музе́ев? 15. В Москве́ мно́го музе́ев? 16. В Будапе́ште мно́го теа́тров? 17. В Ло́ндоне мно́го теа́тров? 18. В Москве́ мно́го теа́тров?

Training 17
There is a river in Budapest. There is a river in London. And there is a river in Moscow. There is an underground in Budapest. There is an underground in London. And there is an underground in Moscow. There is a zoo in Budapest. There is a zoo in London. And there is a zoo in Moscow. There are a lot of churches in Budapest. There are a lot of churches in London. And there are a lot of churches in Moscow. There are a lot of museums in Budapest. There are a lot of museums in London. And there are a

Training Drills on *there is/are*

lot of museums in Moscow. There are a lot of theatres in Budapest. There are a lot of theatres in London. And there are a lot of theatres in Moscow.

1. Is there a river in Budapest? 2. Is there a river in London? 3. Is there a river in Moscow? 4. Is there an underground in Budapest? 5. Is there an underground in London? 6. Is there an underground in Moscow? 7. Is there a zoo in Budapest? 8. Is there a zoo in London? 9. Is there a zoo in Moscow? 10. Are there a lot of churches in Budapest? 11. Are there a lot of churches in London? 12. Are there a lot of churches in Moscow? 13. Are there a lot of museums in Budapest? 14. Are there a lot of museums in London? 15. Are there a lot of museums in Moscow? 16. Are there a lot of theatres in Budapest? 17. Are there a lot of theatres in London? 18. Are there a lot of theatres in Moscow?

Трéнинг 18
В Амéрике есть однá дерéвня. Онá называéтся Будапéшт. В дерéвне нет большóй рекú. Там есть тóлько мáленький ручéй. В дерéвне две чáсти. Та часть, что на прáвой сторонé ручья́, называéтся Бýда, а часть на лéвой сторонé называéтся Пешт. Есть тóлько одúн мост чéрез рéчку. Он называéтся Цепнóй мост. В дерéвне есть ýлица. Онá называéтся ýлица Вáци. На этой ýлице есть мáленькая гостúница. Онá называéтся «Гостúница Будапéшт». На этой ýлице есть кинотеáтр. Он называéтся «Паннóния». На этой ýлице есть мáленький ресторáн. Он называéтся «Рыбáцкий Бастиóн». Здесь мóжно попрóбовать венгéрскую ухý. На этой ýлице есть пивнáя. Онá называéтся «Кóрчма». Здесь мóжно вы́пить пáлинку.

1. В Амéрике есть дерéвня úли гóрод с назвáнием Будапéшт? 2. В дерéвне есть рекá? 3. В дерéвне есть мост? 4. Как называéтся ýлица? 5. Как называéтся гостúница? 6. Как называéтся кинотеáтр? 7. Как называéтся ресторáн? 8. Как называéтся пивнáя?

Chapter Seven

Training 18

There is a village in America. It is called Budapest. There isn't a big river in the village. There is only a small stream there. There are two parts of the village. The part on the right side of the stream is called Buda and the part on the left side of the stream is called Pest. There is only one bridge across the stream. It is called The Chain Bridge. There is a street in the village. It is called Vaci Street. There is a small hotel on the street. It is called The Budapest Hotel. There is a cinema on the street. It is called The Pannonia. There is a small restaurant in the street. It is called The Fishermen's Bastion. You can eat Hungarian fish soup there. There is a pub in the street. It is called Kochma. You can drink palinka there.

1. Is there a city or a village in America called Budapest? 2. Is there a river in the village? 3. Is there a bridge in the village? 4. What is the street called? 5. What is the hotel called? 6. What is the cinema called? 7. What is the restaurant called? 8. What is the pub called?

Тре́нинг 19

Ве́нгрия – э́то страна́ в Евро́пе . В Ве́нгрии нет морско́го побере́жья. В Ве́нгрии мно́го ма́леньких ре́чек и две больши́е реки́: Дуна́й и Ти́са. В Ве́нгрии мно́го ма́леньких озёр и одно́ большо́е о́зеро. Оно́ называ́ется Балато́н. Ле́том на Балато́не мно́го отдыха́ющих. Там мно́го ве́нгров и мно́го не́мцев, австри́йцев, ру́сских и люде́й други́х национа́льностей. В окре́стностях Балато́на о́чень мно́го краси́вых мест. Там мно́го хоро́ших гости́ниц и рестора́нов.

1. Где нахо́дится Ве́нгрия? 2. В Ве́нгрии есть морско́е побере́жье? 3. В Ве́нгрии есть ре́ки? 4. Ско́лько в Ве́нгрии больши́х рек? 5. В Ве́нгрии есть большо́е о́зеро? 6. Как оно́ называ́ется? 7. На о́зере есть отдыха́ющие? 8. Там мно́го ве́нгров? 9. Там мно́го люде́й из други́х стран? 10. Вокру́г Балато́на есть краси́вые места́? 11. Там мно́го хоро́ших оте́лей и рестора́нов?

Training Drills on *there is/are*

Training 19

Hungary is a country in Europe. There isn't a coastline in Hungary. There are a lot of small rivers in Hungary and there are two big rivers: the Danube and the Tisza. There are a lot of small lakes in Hungary and there is one very big lake. It is called Balaton. There are a lot of holidaymakers at Balaton in the summer. There are a lot of Hungarians there and there are a lot of people from Germany, Austria, Russia and other countries. There are a lot of beautiful places around Balaton. There are a lot of nice hotels and restaurants there.

1. Where is Hungary? 2. Is there a coast in Hungary? 3. Are there any rivers in Hungary? 4. How many big rivers are there in Hungary? 5. Is there a big lake in Hungary? 6. What is it called? 7. Are there any holidaymakers at the lake? 8. Are there a lot of Hungarians there? 9. Are there a lot of people from other countries? 10. Are there any beautiful places around Balaton. 11. Are there a lot of nice hotels and restaurants there?

Тре́нинг 20

На́ше офи́сное зда́ние о́чень большо́е. В зда́нии де́сять этаже́й. В зда́нии де́вять больши́х фирм. В зда́нии во́семь конфере́нц-за́лов. В зда́нии семь вы́ходов. В зда́нии шесть ли́фтов. В зда́нии пять буфе́тов. В зда́нии четы́ре бассе́йна. В зда́нии три зи́мних са́да. В зда́нии два подзе́мных гаража́. В зда́нии существу́ет одно́ стро́гое пра́вило: нельзя́ войти́ в зда́ние без ли́чной входно́й ка́рточки. На пла́стиковой ка́рточке есть чёрная полоса́. Э́та ка́рточка мо́жет откры́ть для Вас мно́го двере́й, но она́ не откро́ет все две́ри.

Training 20

Our office building is very big. There are 10 storeys in the building. There are 9 big companies in the building. There are 8 conference halls in the building. There are 7 exits in the building. There are 6 lifts in the building. There are 5 buffets in the building. There are 4 swimming pools in the building. There are 3 winter gardens in the building. There are 2 underground garages in the building. There is 1 very strict rule in the building - you can't enter

Chapter Seven

the building without your personal pass. There is a dark strip on your plastic card. Your card can open a lot of doors for you. But it can't open all the doors.

Тре́нинг 21
Моя́ ко́мната не о́чень больша́я. В мое́й ко́мнате одна́ дверь. В мое́й ко́мнате два окна́. В мое́й ко́мнате три кни́жные по́лки. В мое́й ко́мнате четы́ре пи́сьменных стола́. В мое́й ко́мнате пять сту́льев. В мое́й ко́мнате шесть компью́теров. В мое́й ко́мнате семь телефо́нов. В мое́й ко́мнате во́семь карти́н. В мое́й ко́мнате де́вять ко́мнатных расте́ний. Сейча́с в мое́й ко́мнате нахо́дятся де́сять челове́к. Сего́дня есть то́лько оди́н ва́жный вопро́с для обсужде́ния. Э́то - нового́дняя вечери́нка.

Training 21
My room isn't very big. There is 1 door in the room. There are 2 windows in the room. There are 3 bookcases in the room. There are 4 desks in the room. There are 5 chairs in the room. There are 6 computers in the room. There are 7 telephones in the room. There are 8 pictures in the room. There are 9 plants in the room. There are 10 people in the room now. There is only 1 important issue to discuss today. That is the New Year's Eve party.

Chapter Eight

SAMPLE SENTENCES ON FIFTY TOPICS
on verbs **есть, име́ется, существу́ет** (there is/there are)

1. Жильё (кварти́ра, дом)
1. В мое́й кварти́ре три ко́мнаты.
2. Есть ку́хня, гости́ная и спа́льня.
3. В мое́й ку́хне/ спа́льне/ гости́ной о́чень хоро́шая ме́бель.
4. В мое́й кварти́ре нет большо́й ва́нной.
5. В мое́й кварти́ре нет ковро́в.

1. Accommodation (flat, house)
1. There are three rooms in my flat.
2. There is a kitchen, a living room and a bedroom.
3. There is very nice furniture in my kitchen/ bedroom/ living room.
4. There isn't a big bathroom in my flat.
5. There aren't any carpets in my flat.

2. Ба́нки
1. В ба́нке мно́го де́нег.
2. О́коло моего́ до́ма есть банк.
3. В Ве́нгрии мно́го ба́нков.
4. В ми́ре есть не́сколько действи́тельно кру́пных ба́нков.
5. На моём счёте немно́го де́нег.

2. Banks
1. There is a lot of money in the bank.
2. There is a bank near my house.
3. There are a lot of banks in Hungary.
4. There are some really big banks in the world.
5. There isn't much money in my account.

Sample Sentences on *there is/are*

3. Дни рожде́ния и имени́ны
1. На моём дне рожде́ния всегда́ мно́го друзе́й.
2. В мое́й семье́ есть тради́ция пра́здновать дни рожде́ния вме́сте.
3. На моём дне рожде́ния три́дцать челове́к.
4. На стола́х оста́лось немно́го еды́.
5. В мое́й ко́мнате мно́го пода́рков.

3. Birthdays and name days
1. There are always a lot of friends at my birthday party.
2. There is a tradition in my family to celebrate birthdays together.
3. There are thirty people at my birthday party.
4. There isn't much food left on the tables.
5. There are a lot of presents in my room.

4. Кни́ги
1. Есть действи́тельно вели́кие кни́ги.
2. На кни́жной по́лке мно́го книг.
3. На столе́ кни́га.
4. В кварти́ре Ма́йка нет книг.
5. В кни́жных магази́нах есть но́вая кни́га Джоа́нны Ха́ррис.

4. Books
1. There are some really great books.
2. There are a lot of books in the bookcase.
3. There is a book on the table.
4. There aren't any books in Mike's flat.
5. There is a new book by Joanne Harris in the bookstores.

5. За́втрак
1. На за́втрак на столе́ всегда́ кака́я-нибу́дь вку́сная еда́.
2. В мое́й семье́ к за́втраку всегда́ есть кре́пкий чай.
3. В холоди́льнике нет молока́.
4. А я́йца есть?
5. В э́той ча́шке есть све́жий йо́гурт.

5. Breakfast
1. There is always some nice food on the table for breakfast.
2. There is always strong tea for breakfast in my family.
3. There isn't any milk in the fridge.
4. Are there any eggs?
5. There is some fresh yoghurt in that bowl.

6. Бра́тья и сёстры
1. В мое́й семье́ две сестры́ и два бра́та.
2. На лице́ его́ сестры́ ча́сто быва́ет счастли́вая улы́бка.
3. Есть что́-то неприя́тное в хара́ктере её бра́та.
4. В ко́мнате моего́ бра́та всегда́ ужа́сный беспоря́док.
5. Ме́жду двумя́ сёстрами сто́лько любви́ и понима́ния.

6. Brothers and sisters
1. There are two sisters and two brothers in my family.
2. There is often a happy smile on his sister's face.
3. There is something unpleasant in her brother's character.
4. There is always a terrible mess in my brother's room.
5. There is so much love and understanding between the two sisters.

7. Маши́ны
1. В Будапе́ште мно́го маши́н.
2. В Будапе́ште мно́го светофо́ров.
3. В Будапе́ште мно́го про́бок на доро́гах.
4. В э́той маши́не о́чень хоро́ший мото́р.
5. В мое́й маши́не нет кондиционе́ра.

7. Cars
1. There are a lot of cars in Budapest.
2. There are a lot of street lamps in Budapest.
3. There are a lot of traffic jams in Budapest.
4. There is a very good engine in this car.
5. There isn't air-conditioning in my car.

Sample Sentences on *there is/are*

8. Кинотеатры
1. Сегодня вечером в кинотеатре немного народу.
2. В каждом большом городе есть много кинотеатров.
3. Обычно в маленьких городах тоже есть кинотеатр.
4. Сегодня вечером нет ничего интересного в кино.
5. На этой неделе показывают несколько новых фильмов.

8. Cinemas
1. There aren't a lot of people at the cinema tonight.
2. There are a lot of cinemas in every big city.
3. In a small town there is usually a cinema, too.
4. There isn't anything interesting on at the cinema tonight.
5. There are some new films on this week.

9. Простуды и грипп
1. В больнице много людей с гриппом.
2. В этом ящике есть несколько лекарств.
3. Сейчас существует новый птичий грипп.
4. Есть много лекарств от простуды и гриппа.
5. Есть несколько действительно опасных вирусов гриппа.

9. Colds and flu
1. There are a lot of people with flu in the hospital.
2. There is some medicine in that drawer.
3. There is new bird flu now.
4. There are a lot of medicines for colds and flu.
5. There are some really dangerous flu viruses.

10. Коллеги/Одноклассники
1. В нашей фирме немного людей.
2. В моём классе двадцать пять детей.
3. Там десять девочек и пятнадцать мальчиков.
4. Сейчас в офисе никого нет.
5. На конференции много специалистов.

Chapter Eight

10. Colleagues / Classmates
1. There aren't many people in our company.
2. There are twenty-five children in my class.
3. There are ten girls and fifteen boys.
4. There isn't anyone in the office now.
5. There are a lot of experts at the conference.

11. Ýжин
1. На столе́ - вку́сный у́жин.
2. На столе́ нет таре́лок.
3. На столе́ то́лько три ви́лки и четы́ре ножа́.
4. И ещё де́сять стака́нов.
5. На у́жин в мое́й семье́ всегда́ что́-то вку́сное.

11. Dinner
1. There is a delicious dinner on the table.
2. There aren't any plates on the table.
3. There are only three forks and four knives on the table.
4. There are ten glasses, too.
5. There is always something nice for dinner in my family.

12. Семья́
1. В мое́й семье́ четы́ре челове́ка: ма́ма, па́па, сестра́ и я.
2. В мое́й семье́ не́сколько действи́тельно интере́сных люде́й.
3. В до́ме мои́х роди́телей всегда́ есть ко́мната для меня́.
4. Сейча́с до́ма никого́ нет.
5. На на́ших семе́йных встре́чах сто́лько ра́дости!

12. Family
1. There are four people in my family: mother, father, sister and me.
2. There are some really interesting people in my family.
3. There is always a room for me in my parents' house.
4. There isn't anybody at home now.
5. There is so much happiness at our family reunions.

Sample Sentences on *there is/are*

13. Знамени́тые лю́ди
1. В э́той маши́не изве́стный певе́ц!
2. В э́том магази́не ещё нет но́вого ди́ска Шаки́ры.
3. На сте́нах мое́й ко́мнаты нет плака́тов знамени́тых люде́й.
4. В ка́ждой стране́ есть знамени́тые лю́ди.
5. В Аме́рике мно́го знамени́тостей.

13. Famous people
1. There is a famous singer in that car!
2. There isn't a new CD by Shakira in this store.
3. There aren't any posters of famous people in my room.
4. There are some famous people in every country.
5. There are a lot of famous people in the USA.

14. Люби́мая еда́
1. На столе́ вку́сная еда́.
2. В Будапе́ште не́сколько хоро́ших кита́йских рестора́нов.
3. Есть та́кже не́сколько хоро́ших япо́нских рестора́нов.
4. В холоди́льнике нет ничего́ вку́сного.
5. В витри́не э́той конди́терской прекра́сные то́рты.

14. Favourite foods
1. There is some delicious food on the table.
2. There are some good Chinese restaurants in Budapest.
3. There are some nice Japanese restaurants, too.
4. There isn't anything delicious in the fridge.
5. There are wonderful cakes in the window of this confectioner's.

15. Друзья́
1. На вечери́нке прису́тствует не́сколько мои́х друзе́й.
2. В ми́ре мно́го хоро́ших люде́й.
3. Есть не́сколько действи́тельно хоро́ших люде́й, и они́ - мои́ друзья́.
4. На э́той фотогра́фии нет ни одного́ моего́ дру́га.
5. В на́шем кла́ссе немно́го друзе́й.

Chapter Eight

15. Friends
1. There are some of my friends at the party.
2. There are a lot of good people in the world.
3. There are some really nice people, and they are my friends.
4. There aren't any of my friends in this photo.
5. There aren't many friendships in our class.

16. Мебель
1. В моей гостиной красивая мебель.
2. В моей комнате есть кровать, письменный стол и стул.
3. В углу стоит шкаф.
4. На полу нет ковров.
5. В моей квартире очень современные лампы.

16. Furniture
1. There is some really nice furniture in my living room.
2. There is a bed, a desk and a chair in my room.
3. There is a wardrobe in the corner.
1. 4 There aren't any carpets on the floor.
4. There are some very modern lamps in my flat.

17. Садоводство
1. Вокруг моего дома красивый маленький сад.
2. В моём саду несколько фруктовых деревьев.
3. На моём балконе прекрасные цветы.
4. В моём саду нет овощных грядок.
5. Вокруг моего дома деревянный забор.

17. Gardening
1. There is a nice small garden around my house.
2. There are some fruit trees in my garden.
3. There are some wonderful flowers on my balcony.
4. There aren't any vegetables in my garden.
5. There is a wooden fence around my house.

Sample Sentences on *there is/are*

18. Ба́бушки и де́душки
1. В саду́ у мои́х ба́бушки и де́душки не́сколько фрукто́вых дере́вьев.
2. В их са́ду прекра́сные цветы́.
3. В их до́ме мно́го краси́вой стари́нной ме́бели.
4. В их фотоальбо́ме – ста́рые семе́йные фотогра́фии.
5. В их жи́зни немно́го стре́ссов.

18. Grandparents
1. There are some fruit trees in my grandparents' garden.
2. There are some wonderful flowers in their garden.
3. There is a lot of old nice furniture in their house.
4. There are some old family photos in their album.
5. There isn't much stress in their life.

19. Вре́дные привы́чки
1. На у́лицах мно́го кури́льщиков.
2. Существу́ет сли́шком мно́го ма́рок сигаре́т.
3. В ку́хонном шкафу́ мно́го алкого́льных напи́тков.
4. В ми́ре существу́ет мно́го вре́дных привы́чек.
5. Поле́зных привы́чек существу́ет немно́го.

19. Harmful habits
1. There are a lot of smokers in the street.
2. There are too many brands of cigarettes.
3. There is a lot of alcohol in his cupboard.
4. There are a lot of harmful habits in the world.
5. There aren't many useful habits.

20. Хо́бби
1. Существу́ет мно́го отли́чных хо́бби.
2. В моём альбо́ме мно́го ма́рок.
3. В кварти́ре мое́й сестры́ мно́го фарфо́ровых ку́кол.
4. В кварти́ре моего́ дру́га нет совреме́нной ме́бели, потому́ что его́ хо́бби – коллекциони́рование стари́нной ме́бели.
5. На мои́х кни́жных по́лках мно́го книг.

Chapter Eight

20. Hobbies
1. There are a lot of wonderful hobbies.
2. There are a lot of stamps in my album.
3. There are a lot of china dolls in my sister's flat.
4. There isn't any modern furniture in my friend's flat because his hobby is collecting antique furniture.
5. There are a lot of books in my bookcases.

21. Кани́кулы/О́тпуск
1. Существу́ет мно́го фантасти́ческих мест, где мо́жно провести́ о́тпуск.
2. В Будапе́ште мно́го хоро́ших оте́лей.
3. В Ве́нгрии мно́го хоро́ших терма́льных гости́ниц.
4. В Евро́пе мно́го горнолы́жных куро́ртов.
5. В Евро́пе нет пое́здок на сафа́ри.

21. Holidays
1. There are a lot of fantastic places for a holiday.
2. There are a lot of good hotels in Budapest.
3. There are a lot of nice spa hotels in Hungary.
4. There are a lot of ski-resorts in Europe.
5. There aren't any safari tours in Europe.

22. Гости́ницы
1. В гости́нице есть хоро́ший рестора́н.
2. В гости́нице есть пла́вательный бассе́йн.
3. В гости́нице есть тренажёрный зал.
4. В э́той гости́нице нет кондиционе́ра.
5. В э́той гости́нице нет ли́фта.

22. Hotels
1. There is a nice restaurant in the hotel.
2. There is a swimming pool in the hotel.
3. There is a gym in the hotel.
4. There isn't air-conditioning in this hotel.
5. There isn't a lift in this hotel.

Sample Sentences on *there is/are*

23. Домашние дела
1. После ужина всегда много грязной посуды.
2. Иногда на мебели есть пыль.
3. В моём доме есть стиральная машина и пылесос.
4. К сожалению, нет посудомоечной машины.
5. В стиральной машине много грязной одежды.

23. Household chores
1. There are always a lot of dirty dishes after dinner.
2. Sometimes there is dust on the furniture.
3. There is a washing machine and a vacuum cleaner in my house.
4. Unfortunately, there isn't a dishwasher.
5. There are a lot of dirty clothes in the washing machine.

24. Жизнь в городе
1. В городе много машин, автобусов, трамваев, троллейбусов и людей.
2. В городе много многоэтажных домов.
3. В городе много кинотеатров, театров, баров и концертных залов.
4. Много магазинов, универмагов и рынков.
5. В городе нет ни покоя, ни тишины.

24. Life in the city
1. There are a lot of cars, buses, trams, trolley buses and people in the city.
2. There are a lot of blocks of flats in the city.
3. There are a lot of cinemas, theatres, pubs, and concert halls in the city.
4. There are a lot of shops, department stores and markets.
5. There isn't much peace and quiet in the city.

25. Жизнь за городом
1. За городом много красивых домов.
2. В провинции немного машин, автобусов или такси.
3. В провинции мало кинотеатров.

Chapter Eight

4. Ещё там ма́ло школ и больни́ц.
5. Там ма́ло рестора́нов и кафе́.

25. Life in the country
1. There are a lot of nice houses in the country.
2. There aren't many cars, buses and taxis in the country.
3. There aren't many cinemas in the country.
4. There aren't many schools and hospitals, either.
5. There aren't many restaurants and cafes.

26. Лотере́я
1. На моём ночно́м сто́лике - лотере́йный биле́т.
2. В моём карма́не нет лотере́йного биле́та.
3. Есть мно́го ра́зных лотере́й.
4. Есть специа́льные телешо́у.
5. Лотере́йных вы́игрышей немно́го.

26. Lottery
1. There is a lottery ticket on the bed-side table.
2. There aren't any lottery tickets in my pocket.
3. There are a lot of different lotteries.
4. There are some special TV shows.
5. There aren't many lottery winnings.

27. Обе́д
1. На столе́ не́сколько бутербро́дов.
2. На углу́ есть хоро́шее бистро́.
3. В мое́й су́мке нет бутербро́дов.
4. Сего́дня в меню́ о́чень вку́сный сала́т.
5. Су́па не оста́лось.

27. Lunch
1. There are some sandwiches on the table.
2. There is a nice snack bar around the corner.
3. There aren't any sandwiches in my bag.
4. There is a very good salad on the menu today.
5. There isn't any soup left.

Sample Sentences on *there is/are*

28. Миллионе́р
1. В до́ме миллионе́ра мно́го ко́мнат.
2. В до́ме миллионе́ра мно́го прислу́ги.
3. В ми́ре немно́го миллионе́ров.
4. В гараже́ миллионе́ра мно́го маши́н.
5. В Голливу́де мно́го миллионе́ров.

28. Millionaire
1. There are a lot of rooms in a millionaire's house.
2. There are a lot of servants in a millionaire's house.
3. There aren't many millionaires in the world.
4. There are a lot of cars in a millionaire's garage.
5. There are a lot of millionaires in Hollywood.

29. Де́ньги
1. В моём кошельке́ есть немно́го де́нег.
2. На моём ба́нковском счёте то́же есть немно́го де́нег.
3. На э́той креди́тной ка́рте нет де́нег.
4. На полу́ лежа́т две́сти фо́ринтов.
5. В ба́нках мно́го де́нег.

29. Money
1. There is some money in my purse.
2. There is some money in my bank account, too.
3. There isn't any money on this credit card.
4. There is 200 forints on the floor.
5. There is a lot of money in banks.

30. Мой го́род
1. В Будапе́ште мно́го маши́н.
2. В Будапе́ште мно́го тури́стов.
3. В Будапе́ште мно́го музе́ев.
4. В Будапе́ште есть больша́я река́.
5. В Будапе́ште во́семь мосто́в че́рез Дуна́й.

Chapter Eight

30. My city
1. There are a lot of cars in Budapest.
2. There are a lot of tourists in Budapest.
3. There are a lot of museums in Budapest.
4. There is a big river in Budapest.
5. There are eight bridges across the Danube in Budapest.

31. Моя страна́
1. В Ве́нгрии мно́го поле́й.
2. В Ве́нгрии мно́го холмо́в.
3. В Ве́нгрии мно́го ма́леньких ре́чек.
4. В Ве́нгрии две больши́е реки: Дуна́й и Ти́са.
5. В Ве́нгрии немно́го больши́х городо́в.

31. My country
1. There are a lot of fields in Hungary.
2. There are a lot of hills in Hungary.
3. There are a lot of small rivers in Hungary.
4. There are two big rivers in Hungary: the Tisa and the Danube.
5. There aren't many cities in Hungary.

32. Мой шко́льный/рабо́чий день
1. В неде́ле пять рабо́чих дней.
2. В о́фисе пять челове́к.
3. Всегда́ мно́го рабо́ты.
4. Сего́дня мно́го уро́ков.
5. Иногда́ быва́ют внешко́льные мероприя́тия, таки́е как матч по баскетбо́лу.

32. My school day/my working day
1. There are five working days in a week.
2. There are five people in the office.
3. There is always a lot of work.
4. There are a lot of lessons today.
5. Sometimes there are out-of-school activities like basketball games.

Sample Sentences on *there is/are*

33. Мой идеа́льный дом
1. В моём идеа́льном до́ме - больша́я ку́хня.
2. На ве́рхнем этаже́ три спа́льни и одна́ ва́нная.
3. На пе́рвом этаже́ гости́ная, ку́хня, ва́нная и кабине́т.
4. Вокру́г до́ма сад с цвета́ми, плодо́выми дере́вьями и куста́ми.
5. Ещё в моём идеа́льном до́ме есть бассе́йн, са́уна и тренажёрный зал.

33. My ideal house
1. There is a big kitchen in my ideal house.
2. There are three bedrooms and a bathroom upstairs.
3. Downstairs there is a living room, a kitchen, a bathroom and a study.
4. There is a garden with flowers, fruit trees and bushes around the house.
5. There is also a swimming pool, a sauna and a gym in my ideal house.

34. О себе́
1. У меня́ на подборо́дке небольшо́е роди́мое пятно́.
2. В мое́й кварти́ре две ко́мнаты.
3. В мое́й ко́мнате всегда́ беспоря́док.
4. В моём шкафу́ мно́го мо́дной оде́жды.
5. На мои́х вечери́нках быва́ет мно́го друзе́й.

34. Myself
1. There is a small birthmark on my chin.
2. There are two rooms in my flat.
3. There is always a mess in my room.
4. There are a lot of fashionable clothes in my wardrobe.
5. There are always a lot of friends at my parties.

35. В междугоро́дном авто́бусе
1. В междугоро́дном авто́бусе приблизи́тельно со́рок мест.
2. В междугоро́дном авто́бусе немно́го пассажи́ров.
3. В междугоро́дном авто́бусе нет контролёра.

Chapter Eight

4. В не́которых междугоро́дных авто́бусах нет туале́та.
5. В междугоро́дном авто́бусе есть буфе́т.

35. On a coach
1. There are about forty seats on a coach.
2. There aren't many passengers on a coach.
3. There isn't a ticket collector on a coach.
4. There isn't a toilet on some coaches.
5. There is a buffet on a coach.

36. В самолёте
1. В самолётах симпати́чные стюарде́ссы.
2. В самолётах немно́го пассажи́ров.
3. В самолётах удо́бные кре́сла.
4. В большинстве́ самолётов есть телеви́зоры.
5. В самолётах есть кондиционе́р.

36. On a plane
1. There are nice stewardesses on a plane.
2. There aren't many passengers on a plane.
3. There are comfortable seats on a plane.
4. There are television screens on most planes.
5. There is air-conditioning on a plane.

37. В по́езде
1. В по́езде мно́го пассажи́ров.
2. В по́езде есть ваго́н-рестора́н.
3. В по́езде есть ваго́ны пе́рвого, второ́го и тре́тьего кла́сса.
4. В э́том купе́ никого́ нет.
5. В Ха́стингсе есть остано́вка.

37. On a train
1. There are a lot of passengers on a train.
2. There is a buffet car on a train.
3. There are first, second and third class cars on a train.
4. There isn't anybody in this compartment.
5. There is a stop at Hastings.

Sample Sentences on *there is/are*

38. Вечери́нки
1. Сего́дня на вечери́нке три́дцать шесть челове́к.
2. На столе́ мно́го хоро́шей еды́.
3. На вечери́нке мно́го отли́чной му́зыки.
4. К сожале́нию, ма́ло напи́тков.
5. В саду́ то́же мно́го госте́й.

38. Parties
1. There are sixteen guests at the party tonight.
2. There is a lot of nice food on the table.
3. There is a lot of great music at the party.
4. Unfortunately, there aren't many drinks.
5. There are a lot of guests in the garden, too.

39. Ли́чность
1. Существу́ет мно́го интере́сных люде́й.
2. В моём кла́ссе/ в мое́й фи́рме есть са́мые ра́зные лю́ди.
3. В кварти́ре моего́ ста́ршего бра́та всегда́ беспоря́док.
4. В моём кла́ссе есть не́сколько ску́чных люде́й.
5. В до́ме Дже́ка нет книг.

39. Personality
1. There are a lot of interesting people.
2. There are a lot of different characters in my class/ in our company.
3. There is always a mess in my brother's flat.
4. There are some really dull people in my class.
5. There aren't any books in Jack's house.

40. Дома́шние пито́мцы
1. Существу́ют специа́льные места́ для вы́гула дома́шних пито́мцев.
2. Существу́ют специа́льные кли́ники для дома́шних пито́мцев.
3. Существу́ют специа́льные магази́ны для дома́шних пито́мцев.

Chapter Eight

4. Ещё существуют специальные кладбища для домашних питомцев.
5. В Будапеште немного мест для выгуливания животных.

40. Pets
1. There are special places to walk pets out.
2. There are special hospitals for pets.
3. There are special shops for pets.
4. There are even special cemeteries for pets.
5. There aren't many places for walking pets in Budapest.

41. Праздники
1. Двадцатого августа всегда бывает фантастический салют.
2. В Венгрии есть несколько международных праздников.
3. Существует несколько старых рождественских и пасхальных традиций.
4. В праздничные дни утром на улицах мало людей.
5. Нет магазинов открытых в праздничные дни.

41. Public holidays
1. There are always fantastic fireworks on August 20.
2. There are some international holidays in Hungary.
3. There are some old Christmas and Easter traditions.
4. There aren't many people in the streets in the morning on holidays.
5. There aren't any shops open on public holidays.

42. Общественный транспорт
1. В Будапеште три линии метро.
2. В Будапеште двести автобусных и сорок трамвайных маршрутов.
3. В час пик в автобусах, трамваях, троллейбусах и метро много пассажиров.
4. В будапештском общественном транспорте нет кондукторов.
5. В будапештском общественном транспорте много контролёров.

Sample Sentences on *there is/are*

42. Public transport
1. There are three underground lines in Budapest.
2. There are two hundred bus lines and forty tram lines in Budapest.
3. There are a lot of passengers on buses, trams, trolleybuses and the underground during rush hour.
4. There are no conductors on public transport in Budapest.
5. There are a lot of inspectors on public transport in Budapest.

43. Рестораны
1. Недалеко отсюда есть о́чень хоро́ший рестора́н.
2. Сего́дня в рестора́не немно́го люде́й.
3. В Будапе́ште есть всевозмо́жные рестора́ны.
4. В на́шем го́роде нет инди́йского рестора́на.
5. На э́той у́лице нет рестора́на.

43. Restaurants
1. There is a very nice restaurant not far from here.
2. There aren't many people in the restaurant today.
3. There are all kinds of restaurants in Budapest.
4. There aren't any Indian restaurants in our city.
5. There isn't a restaurant in this street.

44. Моря и океа́ны
1. На берегу́ мо́ря мно́го о́чень хоро́ших гости́ниц.
2. В рестора́нах на берегу́ моря мно́го блюд из морепроду́ктов.
3. Существу́ет мно́го море́й, но моё люби́мое – э́то Кра́сное мо́ре.
4. На побере́жье мно́го фантасти́ческих куро́ртов.
5. Зимо́й на берегу́ мо́ря немно́го тури́стов.

44. Seas and oceans
1. There are a lot of really nice hotels by the sea.
2. There is a lot of seafood in restaurants by the sea.
3. There are a lot of seas but the Red Sea is my personal favourite.
4. There are a lot of fantastic sea resorts.
5. There aren't many tourists at the seaside in winter.

Chapter Eight

45. Шко́ла
1. Во́зле мое́й шко́лы есть больша́я це́рковь.
2. Вокру́г мое́й шко́лы парк.
3. В шко́ле мно́го кабине́тов.
4. В мое́й шко́ле два́дцать пять учителе́й.
5. В суббо́ту и воскресе́нье нет уро́ков.

45. School
1. There is a big church near my school.
2. There is a park around my school.
3. There are a lot of classrooms in the school.
4. There are twenty-five teachers at my school.
5. There aren't any classes on Saturdays and Sundays.

46. Такси́
1. В Будапе́ште мно́го такси́.
2. За угло́м такси́!
3. На такси́ есть эмбле́ма фи́рмы.
4. На окне́ такси́ ча́сто есть тари́фы.
5. В аэропорту́ мно́го такси́.

46. Taxi
1. There are a lot of taxis in Budapest.
2. There is a taxi round the corner!
3. There is an emblem of the company on the taxi.
4. There is often a tariff list on the window of a taxi.
5. There are a lot of taxis at the airport.

47. Учителя́
1. В мое́й шко́ле есть не́сколько действи́тельно хоро́ших учителе́й.
2. К сожале́нию, там есть и не́сколько ужа́сных учителе́й.
3. В мое́й шко́ле три учи́теля исто́рии.
4. Сейча́с нет уро́ков англи́йского языка́, потому́ что учи́тель бо́лен.
5. Существу́ет не́сколько смешны́х анекдо́тов об учителя́х.

Sample Sentences on *there is/are*

47. Teachers
1. There are some really good teachers at my school.
2. Unfortunately, there are some awful teachers at my school, too.
3. There are three history teachers at my school.
4. There aren't any English classes now because the teacher is ill.
5. There are some funny anecdotes about teachers.

48. Телеви́дение
1. По телеви́зору быва́ет мно́го новосте́й, интервью́ и документа́льных фи́льмов.
2. Быва́ет мно́го хоро́ших фи́льмов.
3. Но быва́ют и ску́чные мы́льные о́перы и реали́ти-шо́у.
4. Сего́дня ве́чером нет ничего́ интере́сного по телеви́зору.
5. В э́ти выходны́е по телеви́зору иду́т два хоро́ших фи́льма.

48. Television
1. There are a lot of newsreels, interviews and documentaries on TV.
2. There are a lot of good films.
3. But there are some boring soap operas and reality shows, too.
4. There isn't anything interesting on TV tonight.
5. There are two good films on TV this weekend.

49. Теа́тры
1. Сего́дня ве́чером в теа́тре мно́го люде́й.
2. В теа́тре есть ра́зные сектора́: парте́р, ло́жи и балко́н.
3. И, коне́чно, есть больша́я сце́на с за́навесом.
4. Пе́ред биле́тной ка́ссой дли́нная о́чередь.
5. В Будапе́ште не́сколько хоро́ших теа́тров.

49. Theatres
1. There are a lot of people at the theatre tonight.
2. There are different sections in the theatre: the stalls, boxes and the gallery.
3. There is a big stage with a curtain, of course.
4. There is a long queue in front of the box-office.
5. There are some good theatres in Budapest.

Chapter Eight

50. Выходны́е
1. На на́шей барбекю́-вечери́нке мно́го госте́й.
2. В выходны́е мно́го рабо́ты по до́му.
3. В э́ти выходны́е в кинотеа́тре идёт но́вый фильм.
4. В э́ти выходны́е по телеви́зору нет ничего́ осо́бенного.
5. По выходны́м в торго́вых це́нтрах мно́го наро́ду.

50. Weekends
1. There are a lot of guests at our barbecue.
2. There is a lot of work about the house for this weekend.
3. There is a new film at the cinema this weekend.
4. There isn't anything special on TV this weekend.
5. There are a lot of people in shopping centres at the weekend.

Chapter Nine

SPECIAL TRAINING DRILLS
on verbs in Present Simple like **де́лать, рабо́тать, жить**
(do, work, live)

Тре́нинг 22

Ге́за живёт в Ве́нгрии. Он живёт в Будапе́ште. Ли́за живёт в А́нглии. Она́ живёт в Ло́ндоне. А́лекс живёт в Росси́и. Он живёт в Москве́. Ге́за живёт в Будапе́ште в своём до́ме, а Ли́за живёт в Ло́ндоне в до́ме на две семьи́. А́лекс не живёт в своём до́ме, и он не живёт в до́ме на две семьи́. А́лекс живёт в Москве́ в особняке́.

1. Ге́за живёт в А́нглии? 2. Где он живёт? 3. Ли́за живёт в Ве́нгрии? 4. Где она́ живёт? 5. А́лекс живёт в Нью-Йо́рке? 6. Где он живёт? 7. Кто живёт в своём до́ме? 8. Кто живёт в до́ме на две семьи́? 9. Кто живёт в особняке́?

Training 22

Geza lives in Hungary. He lives in Budapest. Lisa lives in England. She lives in London. Alex lives in Russia. He lives in Moscow. Geza lives in a detached house in Budapest and Lisa lives in a semi-detached house in London. Alex doesn't live in a detached house and he doesn't live in a semi-detached house. Alex lives in a mansion in Moscow.

1. Does Geza live in England? 2. Where does he live? 3. Does Lisa live in Hungary? 4. Where does she live? 5. Does Alex live in New York? 6. Where does he live? 7. Who lives in a detached house? 8. Who lives in a semi-detached house? 9. Who lives in a mansion?

Тре́нинг 23

Майк встаёт в шесть три́дцать. Он за́втракает в семь три́дцать. Майк рабо́тает в большо́м о́фисе. Он начина́ет рабо́тать в

Training Drills on *verbs* in Present Simple

девять часов. Он заканчивает работать в пять часов. После работы Майк идёт в паб. Он ходит туда со своими друзьями. Они пьют пиво и разговаривают. Вечером Майк смотрит телевизор и пьёт чай.

1. Когда Майк встаёт? 2. Когда он завтракает? 3. Где он работает? 4. Когда он начинает работать? 5. Когда он заканчивает работать? 6. Куда Майк идёт после работы? 8. Что они там делают? 9. Что Майк делает вечером?

Training 23
Mike gets up at 6. 30. He has breakfast at 7. 30. Mike works in a big office. He starts work at nine. He finishes work at five. After work Mike goes to a pub. He goes there with his friends. They drink beer and talk there. In the evening Mike watches TV and drinks tea.

1. When does Mike get up? 2. When does he have breakfast? 3. Where does he work? 4. When does he start work? 5. When does he finish work? 6. Where does Mike
go after work? 7. Who does Mike go to the pub with? 8. What do they do there? 9. What does Mike do in the evening?

Тренинг 24
Лиза: «Я не встаю в 6. Я встаю в девять часов. Я не завтракаю. И я не работаю в офисе. Я не хожу на работу. Я работаю дома. Я независимая журналистка. Я не хожу в паб. Я не пью пиво. Вечером я не смотрю телевизор. Вечером я обычно читаю или просматриваю Интернет.»

1. Во сколько ты встаёшь? 2. Во сколько ты завтракаешь? 3. Ты работаешь в офисе? 4. Где ты работаешь? 5. Ты домохозяйка? 6. Ты часто ходишь в паб? 7. Ты часто пьёшь пиво? 8. Что ты делаешь вечером?

Training 24
Lisa: "I don't get up at 6. 30. I get up at 9. I don't have breakfast. And I don't work in an office. I don't go to work. I work at home. I

Chapter Nine

am a freelance journalist. I don't go to pubs. I don't drink beer. I don't watch TV in the evening. I often read or browse the Internet in the evening."

1. When do you get up? 2. When do you have breakfast? 3. Do you work in an office? 4. Where do you work? 5. Are you a housewife? 6. Do you often go to a pub? 7. Do you often drink beer? 8. What do you do in the evening?

Тре́нинг 25
А́лекс: «Я живу́ в Росси́и. Я живу́ в Москве́. Я живу́ не в кварти́ре. Я живу́ в о́чень большо́м до́ме. Я не рабо́таю в о́фисе, и я не рабо́таю до́ма. Я не встаю́ в шесть три́дцать или в де́вять часо́в. Я встаю́ в два часа́ дня. Я встаю́ в два часа́ дня, потому́ что я ложу́сь спать в во́семь часо́в у́тра. Я ложу́сь спать в во́семь часо́в у́тра, потому́ что я рабо́таю с шести́ часо́в ве́чера до семи́ часо́в у́тра. Я рабо́таю но́чью и сплю днём.»

1. Ты живёшь в Росси́и? 2. Ты живёшь в Москве́? 3. Ты живёшь в кварти́ре? 4. Ты живёшь в ма́леньком до́ме? 5. Ты рабо́таешь в о́фисе? 6. Ты рабо́таешь до́ма? 7. Ты встаёшь в шесть три́дцать и́ли в де́вять часо́в? 8. Во ско́лько ты встаёшь? 9. Когда́ ты ложи́шься спать? 10. Почему́ ты ложи́шься спать в 8 часо́в у́тра?

Training 25
Alex: "I live in Russia. I live in Moscow. I don't live in a flat. I live in a very big house. I don't work in an office and I don't work at home. I don't get up at 6. 30 or at 9. I get up at 2 p.m. I get up at 2 p.m. because I go to bed at 8 a.m. I go to bed at 8 in the morning because I work from 6 p.m. to 7 a.m. I work at night and I sleep during the day."

1. Do you live in Russia? 2. Do you live in Moscow? 3. Do you live in a flat? 4. Do you live in a small house? 5. Do you work in an office? 6. Do you work at home? 7. Do you get up at 6.30 or at 9? 8. When do you get up? 9. When do you go to bed? 10. Why do you go to bed at 8 a.m.?

Training Drills on *verbs* in Present Simple

Тре́нинг 26

Том Со́йер живёт в ма́леньком городке́ в Аме́рике. Том хо́дит в шко́лу. Том не лю́бит шко́лу, потому́ что учителя́ о́чень стро́гие. Учителя́ ча́сто нака́зывают То́ма, потому́ что он ча́сто разгова́ривает на уро́ках и ре́дко де́лает дома́шние зада́ния. Друг То́ма Хак никогда́ не де́лает дома́шние зада́ния, но учителя́ никогда́ его́ не нака́зывают, потому́ что Хак не хо́дит в шко́лу.

1. Где живёт Том? 2. Где Том рабо́тает? 3. Почему́ Том не лю́бит шко́лу? 4. Почему́ учителя́ нака́зывают То́ма? 5. Хак когда́-нибудь де́лает дома́шние зада́ния? 6. Почему́ учителя́ не нака́зывают Ха́ка?

Training 26

Tom Sawyer lives in a small town in America. Tom goes to school. Tom doesn't like school because the teachers are very strict. The teachers often punish Tom because Tom often talks during the lessons and because Tom rarely does his homework. Tom's friend Huck never does his homework, but the teachers never punish him because Huck never goes to school.

1. Where does Tom live? 2. Where does Tom work? 3. Why doesn't Tom like school? 4. Why do the teachers punish Tom? 5. Does Huck ever do his homework? 6. Why don't the teachers punish Huck?

Тре́нинг 27

Хе́льга перево́дчица. Она́ перево́дит кни́ги с англи́йского на венге́рский. Хе́льга отли́чно перево́дит. Хе́льга лю́бит переводи́ть, но не лю́бит печа́тать. Хе́льга никогда́ не печа́тает свои́ перево́ды. И она́ никогда́ не пи́шет свои́ перево́ды. У Хе́льги есть о́чень хоро́ший помо́щник. Хе́льга дикту́ет, а помо́щник печа́тает те́ксты на компью́тере. Хе́льга не лю́бит компью́тер, и компью́тер не лю́бит Хе́льгу. Ка́ждый раз, когда́ Хе́льга пыта́ется испо́льзовать компью́тер, он не рабо́тает. Но компью́тер всегда́ рабо́тает у помо́щника. Они́ обожа́ют друг дру́га.

Chapter Nine

Training 27

Helga is a translator. She translates books from English into Hungarian. Helga translates perfectly. Helga likes translating but she hates typing. Helga never types her translations. She never writes her translations, either. Helga has a very good assistant. Helga dictates and her assistant types the texts into the computer. Helga doesn't like the computer and the computer doesn't like Helga. Whenever Helga tries to use the computer, it refuses to work. However, the computer never refuses to work for the assistant. They adore each other.

Chapter Ten

SAMPLE SENTENCES ON FIFTY TOPICS
on verbs in Present Simple like **де́лать, рабо́тать, жить**
(do, work, live)

---

1. Жильё (кварти́ра, дом)
1. Я живу́ в кварти́ре в многоэта́жном до́ме.
2. Я живу́ в Будапе́ште.
3. Мно́гие молоды́е лю́ди снима́ют кварти́ру.
4. Студе́нты ча́сто живу́т вме́сте в одно́й кварти́ре.
5. В больши́х города́х то́лько бога́тые лю́ди живу́т в дома́х.

1. Accommodation (flat, house)
1. I live in a flat in a block of flats.
2. I live in Budapest.
3. A lot of young people rent flats.
4. Students often share flats.
5. Only rich people live in houses in big cities.

2. Ба́нки
1. Ба́нки храня́т твои́ де́ньги на твоём счёте.
2. Я не о́чень ча́сто хожу́ в банк.
3. Я ча́сто по́льзуюсь креди́тной ка́ртой.
4. Я ча́сто плачу́ креди́тной ка́ртой.
5. А ещё ба́нки помога́ют предпринима́телям.

2. Banks
1. Banks keep your money in an account for you.
2. I don't go to the bank very often.
3. I use credit cards a lot.
4. I often pay by credit card.
5. Banks help business people, too.

Sample Sentences on *verbs* in Present Simple

3. Дни рожде́ния, имени́ны
1. Я никогда́ не пра́здную мой день рожде́ния.
2. Я о́чень люблю́ дни рожде́ния.
3. Я всегда́ приглаша́ю всех друзе́й на вечери́нку по слу́чаю дня рожде́ния.
4. Моя́ ма́ма печёт мне торт к дню рожде́ния.
5. В день рожде́ния я не гото́влю себе́ еду́.

3. Birthdays and name days
1. I never celebrate my birthday.
2. I like birthdays very much.
3. I always invite all my friends to my birthday party.
4. My mother bakes a birthday cake for me.
5. I don't cook for myself on my birthday.

4. Кни́ги
1. Я о́чень люблю́ чита́ть.
2. Обы́чно я чита́ю по вечера́м.
3. И я ча́сто чита́ю во вре́мя пое́здок.
4. Не́которые лю́ди совсе́м не чита́ют.
5. Шко́льники и студе́нты мно́го чита́ют в шко́ле.

4. Books
1. I really like reading.
2. I usually read in the evening.
3. I often read when I travel, too.
4. Some people don't read at all.
5. Pupils and students read a lot at school.

5. За́втрак
1. Обы́чно я за́втракаю в во́семь часо́в.
2. Я ча́сто выпива́ю на за́втрак ча́шку ко́фе и съеда́ю тост с варе́ньем.
3. Я обы́чно не ем на за́втрак беко́н и́ли друго́е мя́со.
4. Мои́ де́ти лю́бят за́втракать кукуру́зными хло́пьями.
5. Не́которые лю́ди не за́втракают.

Chapter Ten

5. Breakfast
1. I usually have breakfast at 8 o'clock.
2. I often have a cup of coffee and toast with marmalade for breakfast.
3. I don't eat bacon or any other meat for breakfast.
4. My children like cornflakes for breakfast.
5. Some people don't have breakfast.

6. Бра́тья и сёстры
1. Я о́чень люблю́ свои́х бра́тьев и сестёр.
2. Мы ча́сто навеща́ем друг дру́га.
3. Мы никогда́ не ссо́римся.
4. У мое́й двою́родной сестры́ нет бра́тьев и сестёр.
5. Она́ ду́мает, что э́то о́чень печа́льно.

6. Brothers and sisters
1. I love my brothers and sisters very much.
2. We often visit each other.
3. We never quarrel.
4. My cousin doesn't have any brothers or sisters.
5. She thinks that it is very sad.

7. Маши́ны
1. Я не о́чень хорошо́ вожу́ маши́ну.
2. Я не люблю́ води́ть маши́ну.
3. Ка́ждый день я е́зжу на рабо́ту на маши́не.
4. Мой муж о́чень хорошо́ во́дит маши́ну.
5. Молоды́е ча́сто о́чень опа́сно во́дят маши́ну.

7. Cars
1. I don't drive very well.
2. I don't like driving.
3. I drive to work every day.
4. My husband drives very well.
5. Young people often drive very dangerously.

Sample Sentences on *verbs* in Present Simple

8. Кино́
1. Я хожу́ в кино́ ка́ждую неде́лю.
2. Обы́чно я хожу́ в кино́ с друзья́ми.
3. Нам нра́вятся коме́дии и боевики́.
4. Моя́ сестра́ не лю́бит три́ллеры.
5. Я ничего́ не име́ю про́тив хоро́шего триллера.

8. Cinemas
1. I go to the cinema every week.
2. I usually go to the cinema with my friends.
3. We like comedies and action films.
4. My sister doesn't like thrillers.
5. I don't mind a good thriller.

9. Просту́ды, грипп
1. К сча́стью, я неча́сто простужа́юсь.
2. Ка́ждую зи́му заболева́ет мно́го люде́й.
3. Е́сли у тебя́ просту́да, ты ка́шляешь, чиха́ешь и у тебя́ высо́кая температу́ра.
4. И ещё боли́т го́рло.
5. Зимо́й мно́гие хо́дят к врачу́.

9. Colds and flu
1. Fortunately, I don't catch colds very often.
2. A lot of people get ill every winter.
3. If you catch a cold, you cough, sneeze and even have a fever.
4. You also have a sore throat.
5. A lot of people go to see their doctor in the winter.

10. Колле́ги/ Однокла́ссники
1. Обы́чно я хорошо́ лажу́ с мои́ми колле́гами.
2. Мне нра́вится большинство́ мои́х однокла́ссников.
3. Мы ча́сто вме́сте отмеча́ем пра́здники.
4. Я ма́ло разгова́риваю с мои́ми колле́гами.
5. Одна́ из мои́х колле́г никогда́ не мо́ет свою́ ча́шку.

Chapter Ten

10. Colleagues / Classmates
1. I usually get on well with my colleagues.
2. I like most of my classmates.
3. We often celebrate together.
4. I don't talk much to my colleagues.
5. One of my colleagues never washes her cup.

11. У́жин
1. Обы́чно мы у́жинаем в шесть часо́в.
2. Вся семья́ собира́ется за столо́м на у́жин.
3. Обы́чно мы еди́м просты́е поле́зные блю́да.
4. Я люблю́ суп на у́жин.
5. Мой сын не ест мя́са.

11. Dinner
1. We usually have dinner at 6 o'clock.
2. All the family gather together at the dinner table.
3. We usually have a simple healthy meal.
4. I like soup for dinner.
5. My son doesn't eat meat.

12. Семья́
1. Я о́чень люблю́ свою́ семью́.
2. И они́ меня́ то́же лю́бят.
3. Мы всегда́ посыла́ем друг дру́гу пода́рки и откры́тки на ра́зные пра́здники.
4. Мы ча́сто путеше́ствуем вме́сте.
5. Мы не о́чень ча́сто ви́димся.

12. Family
1. I love my family very much.
2. They love me, too.
3. We always send each other presents and cards for all kinds of holidays.
4. We often travel together.
5. We don't see each other very often.

Sample Sentences on *verbs* in Present Simple

13. Знаменитые люди
1. Знаменитые люди живут в другом мире.
2. Они часто женятся друг на друге.
3. Журналисты всегда их преследуют и следят за ними.
4. Газеты печатают много статей о знаменитых людях.
5. У знаменитых людей не бывает тихой и спокойной жизни.

13. Famous people
1. Famous people live in a different world.
2. They often marry each other.
3. Reporters always follow and watch them.
4. Newspapers publish a lot of articles about famous people.
5. Famous people don't have a quiet and peaceful life.

14. Любимая еда
1. Моя мама часто готовит мои любимые блюда.
2. Я не очень часто ем свои любимые блюда.
3. Поэтому я их так люблю.
4. Я ем много рыбы.
5. Мой друг не ест грибы.

14. Favourite foods
1. My mother often cooks my favourite foods.
2. I don't eat my favourite foods very often.
3. That's why I like them so much.
4. I eat a lot of fish.
5. My friend doesn't eat mushrooms.

15. Друзья
1. Я рассказываю друзьям обо всём.
2. Я часто звоню друзьям и посылаю им письма по электронной почте.
3. К сожалению, сейчас мы встречаемся не очень часто.
4. Мой лучший друг часто мне помогает.
5. У меня немного друзей.

Chapter Ten

15. Friends
1. I tell my friends everything.
2. I often phone and e-mail my friends.
3. Unfortunately, we don't meet very often now.
4. My best friend often helps me.
5. I don't have many friends.

16. Мебель
1. Большинство людей покупает мебель не очень часто.
2. Молодёжь иногда покупает подержанную мебель для своего первого дома.
3. Мебель многое говорит о своём хозяине.
4. Мне нравится современная мебель.
5. Мои родители предпочитают традиционную мебель.

16. Furniture
1. Most people don't buy furniture very often.
2. Young people sometimes buy second-hand furniture for their first home.
3. Furniture tells a lot about a person.
4. I like modern furniture.
5. My parents prefer traditional furniture.

17. Садоводство
1. Я люблю работать в саду.
2. Я выращиваю цветы, овощи, фрукты и даже пряности.
3. Мой брат всегда помогает мне в саду.
4. Он стрижёт траву и копает.
5. Мой муж не работает в саду.

17. Gardening
1. I like working in the garden.
2. I grow flowers, vegetables, fruit and even herbs.
3. My brother always helps me in the garden.
4. He cuts grass and digs.
5. My husband doesn't work in the garden.

Sample Sentences on *verbs* in Present Simple

18. Бабушки и дедушки
1. Мой бабушка и дедушка живут в маленьком доме за городом.
2. Они не любят городскую жизнь.
3. Каждое утро мой дедушка читает газету.
4. Моя бабушка часто смотрит мыльные оперы по телевизору.
5. По выходным я всегда их навещаю.

18. Grandparents
1. My grandparents live in a small house in the country.
2. They don't like life in the city.
3. My grandfather reads newspapers every morning.
4. My grandmother often watches soap operas on TV.
5. I always visit them at weekends.

19. Вредные привычки
1. Я не курю.
2. Иногда я выпиваю бокал вина или стакан пива.
3. К сожалению, я пью слишком много кофе.
4. Некоторые выкуривают двадцать сигарет в день.
5. У всех есть какие-нибудь вредные привычки.

19. Harmful habits
1. I don't smoke.
2. Sometimes I drink a glass of wine or beer.
3. Unfortunately, I drink too much coffee.
4. Some people smoke twenty cigarettes a day.
5. Everybody has some harmful habits.

20. Хобби
1. Я коллекционирую свечи.
2. Мой друг выращивает кактусы.
3. Мой папа ходит на рыбалку.
4. Многие люди занимаются спортом.
5. Только у ленивых и скучных людей нет никаких хобби.

Chapter Ten

20. Hobbies
1. I collect candles.
2. My friend grows cactuses.
3. My father goes fishing.
4. A lot of people do sports.
5. Only lazy and boring people don't have any hobby.

21. Кани́кулы/О́тпуск
1. Обы́чно я провожу́ о́тпуск с мое́й семьёй.
2. Я ча́сто провожу́ о́тпуск на берегу́ мо́ря.
3. У большинства́ люде́й о́тпуск ле́том.
4. Мы лю́бим акти́вные ви́ды о́тдыха.
5. Мой брат не остаётся до́ма на кани́кулах.

21. Holidays
1. I usually spend my holiday with my family.
2. I often spend my holiday by the sea.
3. Most people have holidays in the summer.
4. We like an active holiday.
5. My brother doesn't stay at home on holiday.

22. Гости́ницы
1. Я ре́дко остана́вливаюсь в гости́ницах.
2. Я обы́чно остана́вливаюсь в гости́нице, когда́ я в о́тпуске.
3. Мне о́чень нра́вятся гости́ницы.
4. В гости́ницах ничего́ не на́до де́лать самому́.
5. Обы́чно мы остана́вливаемся в трёх-звёздочных гости́ницах.

22. Hotels
1. I don't stay in hotels very often.
2. I usually stay in a hotel when I am on holiday.
3. I like hotels very much.
4. I don't have to do anything for myself in a hotel.
5. We usually stay in a three-star hotel.

Sample Sentences on *verbs* in Present Simple

23. Работа по дому
1. Никто́ не лю́бит дома́шние дела́, но все их де́лают.
2. Обы́чно я мо́ю посу́ду по́сле у́жина.
3. Ка́ждую неде́лю я вытира́ю пыль с ме́бели.
4. Я никогда́ не стира́ю.
5. Мой брат не убира́ется в свое́й ко́мнате.

23. Household chores
1. Nobody likes household chores, but everybody docs them.
2. I usually do the washing-up after dinner.
3. I dust the furniture every week.
4. I never do the washing.
5. My brother doesn't tidy up his room himself.

24. Жизнь в го́роде
1. Я живу́ в большо́м го́роде.
2. Я живу́ в многоэта́жном до́ме.
3. Я люблю́ жизнь в го́роде.
4. Мы ча́сто хо́дим в кино́ и́ли теа́тр.
5. Я бы́стро добира́юсь до рабо́ты.

24. Life in the city
1. I live in a big city.
2. I live in a block of flats.
3. I like life in the city.
4. We often go to the cinema or to the theatre.
5. I don't spend much time getting to work.

25. Жизнь за го́родом
1. Я не живу́ за го́родом.
2. Я люблю́ жизнь за го́родом.
3. Се́льские жи́тели мно́го хо́дят пешко́м.
4. Се́льские жи́тели ча́сто рабо́тают в го́роде.
5. Они́ ча́сто де́лают поку́пки в города́х.

25. Life in the country
1. I don't live in the country.
2. I like life in the country.

Chapter Ten

3. People in the country walk a lot.
4. People in the country often work in the city.
5. They often go shopping in the city.

26. Лотерея
1. Я не покупаю лотерейные билеты.
2. Миллионы людей играют в лотереи.
3. Лишь немногие из них выигрывают.
4. Я не верю в лотереи.
5. Мой друг время от времени покупает лотерейные билеты.

26. Lottery
1. I don't buy lottery tickets.
2. Millions of people play the lottery.
3. Only some of them win.
4. I don't believe in lotteries.
5. My friend buys lottery tickets from time to time.

27. Обед
1. Обычно я обедаю в полдень.
2. Я часто ем на обед овощи.
3. Мой начальник никогда не обедает, потому что она на диете.
4. Большинство моих коллег обедает в кафе на углу.
5. Некоторые из них приносят с собой бутерброды.

27. Lunch
1. I usually have lunch at noon.
2. I often have vegetables for lunch.
3. My boss never has lunch because she is on a diet.
4. Most of my colleagues eat in a snack bar around the corner.
5. Some of them bring sandwiches.

28. Миллионер
1. Миллионеры не беспокоятся о деньгах.
2. Миллионеры тратят много денег на одежду и еду.
3. Они тратят много денег на телохранителей.

Sample Sentences on *verbs* in Present Simple

4. Они́ мно́го рабо́тают.
5. У них есть вре́мя, что́бы занима́ться спо́ртом и путеше́ствовать.

28. Millionaire
1. Millionaires don't worry about money.
2. Millionaires spend a lot of money on clothes and food.
3. They also spend a lot on bodyguards.
4. They work hard.
5. They have enough time to play sports and travel.

29. Де́ньги
1. Я зараба́тываю доста́точно.
2. Де́ньги меня́ не волну́ют.
3. Мно́го де́нег не прино́сит сча́стья.
4. Но недоста́ток де́нег вызыва́ет пробле́мы.
5. Я помога́ю мое́й сестре́, потому́ что она́ немно́го зараба́тывает.

29. Money
1. I earn enough.
2. I don't care about money.
3. A lot of money doesn't bring happiness.
4. But little money brings troubles.
5. I help my sister because she doesn't earn much.

30. Мой го́род
1. Я люблю́ свой го́род.
2. Я ча́сто гуля́ю по на́бережной Дуна́я.
3. Ежего́дно Будапе́шт посеща́ет мно́го тури́стов.
4. Жизнь в Будапе́ште не замира́ет да́же но́чью.
5. Мы ча́сто хо́дим в клу́бы.

30. My city
1. I like my city.
2. I often walk along the Danube.
3. A lot of tourists visit Budapest every year.

Chapter Ten

4. Life in Budapest doesn't stop at night.
5. We often go clubbing.

31. Моя страна́

1. Я люблю́ свою́ страну́.
2. Она́ произво́дит хоро́шее вино́, мно́го овоще́й и фру́ктов.
3. Ве́нгры лю́бят хоро́шую му́зыку, хоро́шее вино́ и еду́.
4. Мы ча́сто путеше́ствуем по истори́ческим места́м на́шей страны́.
5. Тако́е путеше́ствие дли́тся недо́лго, потому́ что Ве́нгрия не о́чень больша́я страна́.

31. My country

1. I like my country.
2. It produces some good wine and a lot of vegetables and fruit.
3. Hungarians like good music, good wine and food.
4. We often visit the historical sights of our country.
5. Such a trip doesn't take long because Hungary isn't very big.

32. Мой шко́льный/ рабо́чий день

1. Я рабо́таю во́семь часо́в в день.
2. Мой рабо́чий день начина́ется в де́вять часо́в и зака́нчивается в пять.
3. Мои́ уро́ки начина́ются в во́семь часо́в и зака́нчиваются в три часа́.
4. В час у меня́ переры́в на обе́д.
5. В шесть часо́в я прихожу́ домо́й.

32. My school day/my working day

1. I work eight hours a day.
2. My work starts at 9 and finishes at 5 o'clock.
3. My lessons start at 8 o'clock and finish at 3 o'clock.
4. I have a lunch break at 1 o'clock.
5. I come home at 6 o'clock.

33. Мой идеа́льный дом

1. Моя́ семья́ живёт вме́сте со мной в моём идеа́льном до́ме.
2. Мы ча́сто устра́иваем вечери́нки.

Sample Sentences on *verbs* in Present Simple

3. Каждое утро я плаваю в бассейне перед моим идеальным домом.
4. Затем я бегаю в парке вокруг дома.
5. Обычно я не убираюсь в моём идеальном доме, потому что он слишком большой.

33. My ideal house
1. My family lives with me in my ideal house.
2. We often give parties.
3. Every morning I swim in the swimming pool in front of my ideal house.
4. Then I run in the big park around it.
5. I don't tidy up myself in my ideal house because it is too big.

34. О себе
1. Я много путешествую летом.
2. По вечерам я обычно читаю или смотрю телевизор.
3. Я не очень часто хожу развлекаться.
4. Я не люблю шумные вечеринки.
5. Я часто навещаю мою семью.

34. Myself
1. I travel a lot in the summer.
2. I usually read or watch TV in the evenings.
3. I don't go out very often.
4. I don't like noisy parties.
5. I often visit my family.

35. В междугородном автобусе
1. Междугородные автобусы иногда попадают в пробки.
2. Они часто движутся очень медленно.
3. Водитель автобуса продаёт билеты.
4. Ещё они проверяют проездные билеты.
5. Междугородные автобусы не ездят очень далеко.

35. On a coach
1. Sometimes coaches get stuck in a traffic jam.
2. They often move very slowly.

Chapter Ten

3. The coach driver sells tickets.
4. They also check monthly passes.
5. Coaches don't go very far.

36. В самолёте
1. Бизнесме́ны ча́сто лета́ют на самолёте.
2. Обы́чно я лета́ю эконо́м-кла́ссом.
3. Самолёты иногда́ па́дают.
4. К сча́стью, авиакатастро́фы случа́ются не о́чень ча́сто.
5. Мы ре́дко лета́ем на самолёте.

36. On a plane
1. Businessmen often travel by plane.
2. I usually travel in the economy class.
3. Sometimes planes crash.
4. Fortunately, plane crashes don't happen very often.
5. We don't often travel by plane.

37. В по́езде
1. Де́бора е́здит на рабо́ту на по́езде.
2. Э́тот по́езд всегда́ опа́здывает.
3. Иногда́ мы е́здим на по́езде за грани́цу.
4. Де́бора ча́сто встреча́ется с друзья́ми в по́езде.
5. Они́ разгова́ривают и́ли выпива́ют ча́шку ко́фе в ваго́не-рестора́не.

37. On a train
1. Deborah goes to work by train.
2. This train always comes late.
3. Sometimes we travel abroad by train.
4. Deborah often meets her friends on the train.
5. They talk or have a cup of coffee in the buffet-car.

38. Вечери́нки
1. Когда́ у меня́ день рожде́ния, я приглаша́ю друзе́й на вечери́нку.
2. Ка́ждый прино́сит что-нибу́дь вы́пить и пиро́жные.
3. Мы ве́село прово́дим вре́мя.

Sample Sentences on *verbs* in Present Simple

4. Мы мно́го еди́м, пьём и танцу́ем.
5. Ещё мы иногда́ игра́ем в и́гры.

38. Parties
1. When it is my birthday, I invite my friends to a party.
2. Everybody brings something to drink and some cakes.
3. We have great fun.
4. We eat, drink and dance a lot.
5. We sometimes play games.

39. Ли́чность
1. Джейн никогда́ не опа́здывает.
2. Джеф мно́го рабо́тает.
3. Боб ка́ждое у́тро бе́гает в па́рке.
4. Ли́за ма́ло чита́ет.
5. По вечера́м Сэм обы́чно сиди́т в Интерне́те.

39. Personality
1. Jane never comes late.
2. Jeff works hard.
3. Bob runs in the park every morning.
4. Lisa doesn't read much.
5. Sam usually surfs the net in the evening.

40. Дома́шние пито́мцы
1. Я выгу́ливаю соба́ку ка́ждый ве́чер.
2. Ка́ждое у́тро я даю́ немно́го молока́ свое́й ко́шке.
3. Я не люблю́ живо́тных.
4. Соба́ка мои́х сосе́дей ка́ждое у́тро гро́мко ла́ет.
5. Я э́то ненави́жу.

40. Pets
1. Every evening I take my dog for a walk.
2. Every morning I give my cat some milk.
3. I don't like animals.
4. My neighbours' dog barks loudly every morning.
5. I hate it.

Chapter Ten

41. Праздники
1. В государственные праздники мы не работаем.
2. На Рождество обычно люди дарят друг другу хорошие подарки.
3. На Пасху мы красим яйца.
4. В праздники мы часто совершаем загородные прогулки.
5. Мы не ездим за границу на праздники.

41. Public holidays
1. We don't work on public holidays.
2. People usually give each other nice presents at Christmas.
3. We paint eggs at Easter.
4. We often go hiking on public holidays.
5. We don't travel abroad on public holidays.

42. Общественный транспорт
1. Обычно я езжу на работу на автобусе.
2. Обычно автобусы приходят вовремя.
3. Общественный транспорт не надо долго ждать.
4. Я не люблю метро.
5. В час-пик многие пользуются общественным транспортом.

42. Public transport
1. I usually go to work by bus.
2. Buses usually come on time.
3. You don't have to wait long for public transport.
4. I don't like the underground.
5. A lot of people travel by public transport during rush hours.

43. Рестораны
1. Мы любим ходить в ресторан, потому что не мы закупаем продукты, не готовим и не моем посуду .
2. Сначала мы заказываем столик по телефону.
3. После этого мы просим меню.
4. Официанты подают нам еду.
5. После еды мы просим счёт.

Sample Sentences on *verbs* in Present Simple

43. Restaurants
1. We like eating out because we do not do the shopping, the cooking and the washing up.
2. First we book a table by phone.
3. Then we ask for the menu.
4. Waiters serve us the meals.
5. At the end of the meal we ask for the bill.

44. Моря́ и океа́ны
1. Мы е́здим на мо́ре ка́ждое ле́то.
2. Ка́ждый год мы по́лностью расслабля́емся в о́тпуске на берегу́ мо́ря.
3. Це́лый день мы пла́ваем и загора́ем.
4. Мои́ ба́бушка и де́душка бо́льше не пла́вают.
5. Они́ гуля́ют по бе́регу мо́ря.

44. Seas and oceans
1. Every summer we go to the seaside.
2. We spend a really relaxing holiday by the sea every year.
3. We swim and sunbathe all day long.
4. My grandparents don't swim any more.
5. They walk along the shore.

45. Шко́ла
1. Я хожу́ в шко́лу ка́ждый день.
2. По выходны́м я не хожу́ в шко́лу.
3. Там я изуча́ю англи́йский язы́к.
4. Я не де́лаю дома́шние зада́ния.
5. Мой учи́тель всегда́ спра́шивает меня́.

45. School
1. I go to school everyday.
2. I don't go to school at weekends.
3. I learn English there.
4. I don't do my homework.
5. My teacher calls on me every time.

Chapter Ten

46. Такси
1. Я не е́зжу на рабо́ту на такси́.
2. Я не люблю́ такси́.
3. Обы́чно лю́ди даю́т такси́стам чаевы́е.
4. Шофёры такси́ обы́чно мно́го разгова́ривают.
5. Иногда́ по́сле вечери́нки и́ли у́жина в рестора́не мы е́дем домо́й на такси́.

46. Taxi
1. I don't go to work by taxi.
2. I don't like taxis.
3. People usually tip the taxi driver.
4. Taxi drivers often talk a lot.
5. We sometimes take a taxi after a party or a restaurant meal.

47. Учителя
1. Учителя́ у́чат дете́й чита́ть и писа́ть.
2. Учителя́ мно́го рабо́тают.
3. Они́ немно́го зараба́тывают.
4. Ученики́ лю́бят одни́х учителе́й, а други́х - нет.
5. Мы всегда́ да́рим на́шей учи́тельнице цветы́ на день рожде́ния.

47. Teachers
1. Teachers teach children to read and write.
2. Teachers work hard.
3. They don't earn much.
4. Schoolchildren like some teachers and don't like others.
5. We always give flowers to our teacher on her birthday.

48. Телеви́дение
1. К сожале́нию, лю́ди смо́трят телеви́зор сли́шком мно́го.
2. Они́ не разгова́ривают друг с друго́м.
3. Они́ не чита́ют.
4. Они́ то́лько сидя́т пе́ред телеви́зором и едя́т.
5. Телеви́зор де́лает люде́й то́лстыми.

Sample Sentences on *verbs* in Present Simple

48. Television
1. Unfortunately, people watch too much television.
2. They do not talk to each other.
3. They don't read.
4. They sit in front of the television set and eat snacks.
5. Television makes people fat.

49. Теа́тры
1. Я хожу́ в теа́тр раз в ме́сяц.
2. Лю́ди обы́чно наряжа́ются, когда́ иду́т в теа́тр.
3. Пу́блика предпочита́ет коме́дии, рок-о́перы и мю́зиклы.
4. Обы́чно мы покупа́ем биле́ты в парте́р.
5. Я не люблю́ ло́жи, потому́ что отту́да сце́на вы́глядит по-друго́му.

49. Theatres
1. I go to the theatre once a month.
2. People dress up before they go to the theatre.
3. The public prefers comedies, rock operas and musicals.
4. We usually buy tickets to the stalls.
5. I don't like boxes because the stage looks different from there.

50. Выходны́е
1. В выходны́е я не рабо́таю.
2. В выходны́е мы ча́сто навеща́ем ба́бушку и де́душку.
3. В выходны́е мой муж не встаёт ра́но.
4. В выходны́е мы ча́сто хо́дим в рестора́н.
5. Не́которые лю́ди рабо́тают по выходны́м.

50. Weekends
1. I don't work at weekends.
2. We often visit our grandparents at weekends.
3. My husband doesn't get up early at weekends.
4. We often eat out at weekends.
5. Some people work at weekends, too.

Printed in Great Britain
by Amazon